短いは正義

「60字1メッセージ」で結果が出る文章術

コピーライター
田口まこ

ダイヤモンド社

短いは正義

田口まこ

プロローグ――「短い」は正義。

◎「一文60字以上」が、あなたを残念な人にする

あなたが、仕事で〝文章〟を書くときに気をつけていることはなんですか？
誤字脱字の確認やていねいな言葉遣い、「てにをは」を間違えないようにする。
伝わる文章を書こうと、いろいろと気を使っていることでしょう。

でも、文字数を気にしたことはありますか？

あなたが今日書いたメールや企画書の、ワンセンテンスの文字数を数えてみてください。

何文字でしょうか?

もし、ワンセンテンス60字以上の文がダラダラと並んでいるなら、知らず知らずのうちに自分の評価を落としているかもしれません。

「一文60字」という文字数は、読みやすさを左右する境界線だからです。

たとえば、次の2つの文を読んでください。どちらも、よくあるビジネスでの一文です。


今回の広告は、商品のヘビーユーザーとなり得るZ世代に向けて、彼らがついSNSで拡散したくなる仕掛けにより、商品の認知度を爆発的に高めるこれまでにないプロモーションとさせていただきました。(93字)

返事が遅くなりまして大変申し訳ございませんが、営業部の方から既存顧客への配慮が足りないので修正した方が良いのではという意見がありまして、再度ご相談させていただきたく、また追ってご連絡さしあげます。(96字)

「読むの、めんどくさい」

「で、結局何が言いたいの？」


そう思いませんでしたか？

原因はただ1つ、**「ワンセンテンスが長い」**ということです。一文にたくさんのメッセージがてんこ盛りで、読んでも読んでも結論にたどりつかない。そんなダラダラと長い文は、読み手を疲れさせます。

これら2つの文は、1つめがワンセンテンス93字（句読点含む）。次が96字です。

どちらも私が創作したものですが、決して珍しい内容ではないでしょう。

「長すぎて、読みたくない！」と投げ出したくなるような、読み手を疲弊させるメールや企画書、商品資料は身近にあふれています。あなたも、そんな長く煩《わずら》わしい文に出合ったことがあるでしょう。

もしかすると、ふだん自分が長い文を書いていることに気づいた人もいるかもしれません。

ダラダラ長文は、確実に仕事の評価を落とし、結果を遠ざけます。ワンセンテンスが長いだけで、仕事の評価も印象も悪くし、結果が出せないなんて実にもったいない話です。また、文章を書くことが苦手で、メールを1つ書くだけで疲れてしまう。そんな苦労をしているのも、きっとワンセンテンスが長いことが原因です。**長文は、読み手も書き手も疲弊させてしまいます**。

これからは、とにかく短く書くことだけを心がけてください。それだけで、書くのが嫌い、うまく書けない、伝わらない……そんな悩みから解放されます。

試しに、先ほどの一文を、すべて60字以内にしてみましょう。

今回の広告は、商品のヘビーユーザーとなり得るZ世代に向けたものです。（34字）彼らがついSNSで拡散したくなる仕掛けで、商品の認知度を爆発的に高めます。（37字）

返事が遅くなり申し訳ありません。（16字）今回の企画ですが、営業部から既存顧客への配慮が足りないとの指摘がありました。（38字）お手数をおかけしますが、再度ご相談させてください。（25字）詳しいことが決まり次第、追って連絡します。（21字）

ずいぶん読みやすくなりました。それぞれの内容もすっと頭に入ってきます。スッキリした文面からは、清々《すがすが》しく知的な印象も受けます。

伝えたいことによっては、一文60字は短すぎると感じるかもしれません。

でも、**とにかくワンセンテンス60字以内を目指す**。

それだけであなたは、伝わる、評価される、結果が出る文章を、らくらく書けるようになります。

◎短く書く。それだけで、うまくいく

コピーライターは短く書くのが仕事です。私は、30年以上コピーライターをしていますが、仕事で文字数を数えないことは1度もありません。

ネット、ポスター、新聞、雑誌、カタログ、どんな媒体においても、文字を書くスペースは限られており、テレビCMは15秒です。

商品を説明するボディコピーも、簡潔で短い文章が求められます。映えるビジュアルのために、デザイナーも極限まで少なくした文字数を指定してきます。

なのに、広告作成のために渡される資料はいつも膨大です。開発の経緯、成分、効果、性能などを記載した商品資料。市場の動向、ターゲットの生活志向などを記したマーケティング資料。文字とグラフでぎっしりと埋められたA４用紙を、50枚から70枚、いや多いときはもっと渡されます。

その大量の資料から導き出されるのは、キャッチフレーズなら20字以内の１行です。ボディコピーも、総数２００字を超えることは滅多にありません。しかもその短い文字数で、わかりやすく、魅力的に商品内容を伝えなくてはいけません。コピーライターは、常に文字数と戦っているのです。

本書では、私がコピーライターとして長年培《つちか》ってきた「短く書く技術」を余すことなく紹介します。広告のコピーに限らず、すべての文章に使えるテクニックです。

本書で目指すのは、ただ１つ。

短く書く技術を身につける。

それだけです。

書くのが苦手な人にとって、多くの文章術を学び、身につけるのは簡単ではありません。

しかし、短く書く、それだけなら難しいことは何ひとつありません。誰にでもすぐでき、目に見えて文章が変わります。

リモートワークが普及した今、これまで口頭で済ませていた連絡や報告も、すべて文章で伝えなければいけなくなりました。しかも、読むのはスマホの小さな画面です。

そんな時代に、短く書く技術は、誰もが身につけておきたい一生もののスキルです。ぜひ、この機会にあなたのものにしてください。

本書の第1章では、**短く書くための2つの絶対ルール**を紹介します。ここで短文スキルの基本を身につけましょう。第1章を読んだ後、あなたの文章は劇的にスッキリとし、伝わりやすくなります。

第2章では、**短くした文章を数字の力でブラッシュアップ**します。抽象的でわかりにくい表現を、一気にわかりやすく、説得力のある文章へと変えるスキルです。

第3章では、**短い文章でも強く、印象的にするテクニック**を習得します。短い文にありがちなそっけなさ、冷たい印象を払拭し、魅力的な文章、見出し、タイトルを書くためのテクニックを紹介します。

長いと書いていて疲れます。**「短い」と、楽に書けます。**
長いと読む気が萎《な》えます。**「短い」と、読んでもらえます。**
長いと要点がボケます。**「短い」と、きちんと伝わります。**
長いと頭に残りません。**「短い」と、記憶に残ります。**
長いとうんざりされます。**「短い」と、好印象を与えます。**
長いと読むにも書くにも時間がかかります。**「短い」と、時短になります。**
長いと書くことが嫌いになります。**「短い」と、文章が上達します。**

「短い」は正義です。
さあ、始めましょう。

『短いは正義』

もくじ

第1章 短く――60字1メッセージで、たるんだ文を引き締める

第2章

わかりやすく
――「数字」の力で、脱・あやふや長文

第3章
強く――「字面」で、文を強く、好印象に

第1章

短く

60字1メッセージで、
たるんだ文を引き締める

仕事ができる人は、ワンセンテンスが短い

◎長い文は嫌われる

短く書く必要性を、コピーライターはいつも強く感じています。広告とは、読んでもらえない、見てもらえないことが前提だからです。

広告が好きでたまらない、という人はまずいません。ほとんどの人にとって広告は邪魔もの。広告を制作する人間はみな、そのことを肝に銘じています。

もちろん私もその前提でコピーを書いています。だからといって、読まれなくていいはずがありません。読まれるコピーを書かなくてはなりませんし、読んでほしくて読んでほしくてたまりません。

読む気のない相手に向かって書くからこそ、ありとあらゆる創意工夫が必要です。その

第一歩が**「短く書く」**ことなのです。

これは決して、広告に限った話ではありません。

あなたの書いた文章を読みたい人はいない。

そう考えたほうがいいでしょう。

補足すると、あなたが〝仕事のために書いた文章〟です。ブログやSNSなど、読みたい人に向けて発信する文章ではありません。

仕事の文章は、小説やエッセイではありません。積極的に読みたい人はいないのです。

しかも、**読みたくないのに、絶対に読まなければいけない**。それが長ければ、うんざりするのは当たり前です。

実際にあなたも、文字で黒々とした企画書や資料にうんざりしたことはありませんか？

あるいは、スクロールしてもしても終わらないメールにため息をつき、投げ出したくなったことがあるでしょう。

メッセージが多すぎて、何度も読まないと相手の意図がつかめない。あるいは論理が破綻していて、結局は相手に確認するはめになる。そんな**「で、何が言いたいの？」**と思わせる、ストレスフルな文章に対応するのはとても疲れます。

敬語を不必要に使いすぎてムダに長い文章もあります。「〜させていただきます」などのていねいすぎる言葉を多用しているものです。これらは、ていねいさより煩わしさを感じさせ、かえって相手に悪い印象を与えてしまいます。

こうした**読み手を四苦八苦させる長文を書いていては、あなたの評価は下がる一方**です。要領の悪い人、仕事のできない人。そんな印象を与えてしまいます。

また、**相手に意図が伝わらないと、満足な結果を得ることもできません**。営業がうまくいかない、社内で企画が通らない、商品が売れない……その原因は、もしかするとあなたの文章が長いからかもしれません。

さらに最近では、リモートワークが定着し、これまで以上に文章で伝える機会が増えてきました。

そのうえ、働き方改革が浸透し、仕事の時間はどんどん短縮されています。いくつもの会議が詰め込まれ、数分おきにメールやチャットが飛んでくる時代です。一つひとつのメールや企画書にじっくり目を通す時間はありません。

結論にたどり着くまでに、何度もスマホの画面をスクロールし続けるような長文は、読むだけで大きなストレスになり、仕事の邪魔となります。もしかすると、あなたが書いた文は読み飛ばされているかもしれません。

反対に、シンプルで短い文は、メッセージをスムーズに伝えられ、書く読む双方の仕事の負担を減らせます。

意図していることが、短く正確に伝わる。

それだけで、相手からの評価を得られ、良い結果が得られるようになるのです。

さあ、**今すぐ文章を短くしましょう。**

本章では、まず「たるんだ文」を引き締める方法をお伝えします。

「たるんだ文」とは、不要な要素や言葉でブヨブヨとふくらんだ長文のことです。

キュッっと引き締まった、パッと伝わる短い文を書くスキルを、ここで身につけましょう。

目指すは「一文60字」以内

◎とにかく、いつも「一文60字以内」を意識する

それでは、さっそく「短く書く技術」を習得していきましょう。そもそも「短く書く」とは、具体的にどういうことなのか?

それは、**ワンセンテンスを短くする**ということです。

より具体的にいえば、**「一文60字以内」**。これが〝短く書く〟ための鉄則です。これさえ守れば、スラスラとストレスなく読める文章が必ず書けます。

私は20年以上、仕事で文章を書くときは「Ｗｏｒｄ（ワード）」を使っています。普段のページ設定は、Ａ４サイズ、文字は12級です。すると、1行が35字になります。

この設定で商品説明を書いていたときに、あることに気づきました。1行半（つまり60

字）を超えて長くなった文は、たいてい内容がわかりにくいのです。

試しに、スマホでネットニュースを読んでみてください。60字以内の短い文で構成された記事はスイスイ頭に入ってくるでしょう。反対に、「わかりにくい……」と思う文章があれば、かなりの確率で一文が60字を超えているはずです。

さまざまな文章読本を見ると、一文の目安は30〜60字と若干幅があります。しかし、最初からストイックに短い文字数を目指して書くと、ブツ切れで文章全体の流れが悪くなってしまうでしょう。

まずは「60字」を超えないように意識する。

それが、文章力を上げる大切なファーストステップなのです。

一文60字と言われても、イメージしにくいかもしれません。

次の一文は、句読点を含めてピッタリ60字です。

日本は、現在、1年間に12億トンを超える温室効果ガスを排出しており、2050年までに、これを実質ゼロにする必要があります。

いかがでしょう。スラスラと読めて、内容も頭に入ってくると思います。

これが一文60字を超えて長くなると、一気に内容がつかみづらくなります。


日本は、現在、1年間に12億トンを超える温室効果ガスを排出しているという地球全体に影響する環境問題を抱えており、2050年までに、これを実質ゼロにする必要があります。


この一文は82字あります。増えたのは「地球全体に影響する環境問題を抱えており」という情報です。これが文の真ん中に入ったことで、「温室効果ガス」と「実質ゼロにする必要がある」との間に距離ができ、伝わりにくい文になっています。

このように、内容がつかみづらいと感じる場合は、たいてい一文が60字を超えています。こうした文章を見直すと、情報を盛り込みすぎていたり、不要な言葉が入っていたりするものです。

もう一例だけ見てみましょう。次の文も60字を超えています。

温室効果ガスの排出量と吸収・除去量をプラスマイナスゼロにすることを意味する「カーボンニュートラル」が実現された社会を「脱炭素社会」と呼びます。

句読点、カギカッコを含め71字です。ここでは、「カーボンニュートラル」と「脱炭素社会」の2つの情報を、ワンセンテンスで説明していることで内容が伝わりにくくなっています。

これを次のように、それぞれの情報ごとに文章をまとめ直すと、一気に理解しやすくなります。

「カーボンニュートラル」とは、温室効果ガスの排出量と吸収・除去量をプラスマイナスゼロにすること。それが実現された社会を「脱炭素社会」と呼びます。

最初の文は、句読点、カギカッコを含め48字。次の文は24字です。「カーボンニュートラル」と「脱炭素社会」を分けて説明したことで、ぐんとわかりやすくなりました。

このように情報の盛り込みすぎに注意し、余計な言葉を省いていけば、よほど固有名詞が長いなどの場合以外は、一文が60字を越えることはありません。つまり、**一文60字以内を心がけてさえいれば、誰でもわかりやすい文を書けるようになる**のです。

企画書やさまざまな資料など、何行にもわたる文章を書くときも同様です。

あらゆる文章は、ワンセンテンスの積み重ね。短く、スマートな一文がつらなった文章であれば、内容を理解しながら、テンポよく読めます。

そう、どんなときも「一文60字以内」が黄金の指標となるのです。

とくにスマホでメールや資料を見ることが増えた今、より「60字以内」が大切です。

スマホの1行は、たいてい20〜30字。60字以内であれば3行以内に収まり、読みやすく理解しやすい文章になります。

もちろん、どうしても60字を超えてしまう場合もあるでしょう。それを絶対にダメだと言うつもりはありません。

大切なのは、「60」という文字数を意識しながら一文を短くすること。

それさえ意識していれば、自然とメッセージを精査でき、わかりやすい文を書けるのです。

「一文60字以上」は、スマホだと余計に読みづらい

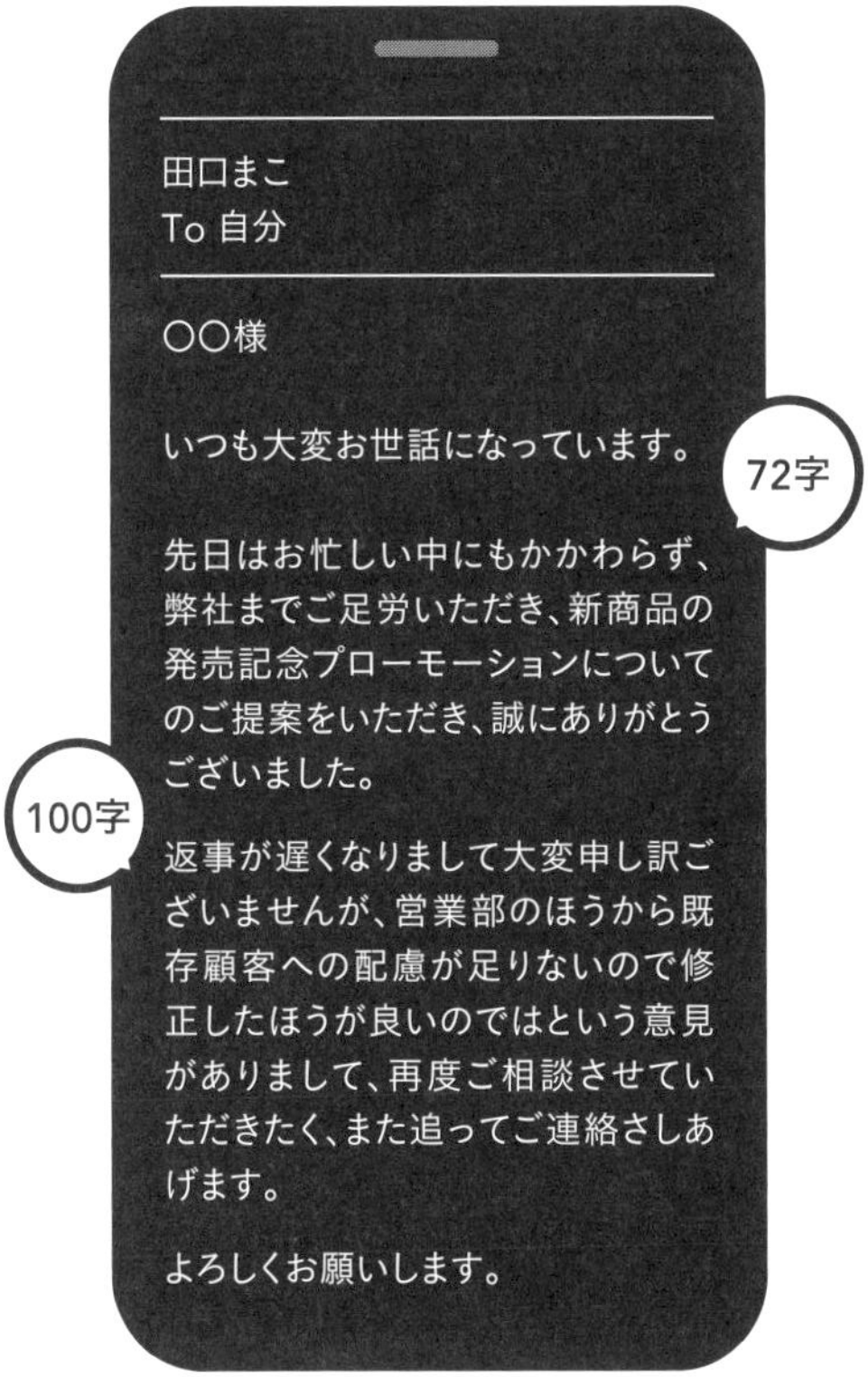
田口まこ
To 自分
○○様
いつも大変お世話になっています。
72字
先日はお忙しい中にもかかわらず、弊社までご足労いただき、新商品の発売記念プロモーションについてのご提案をいただき、誠にありがとうございました。
100字
返事が遅くなりまして大変申し訳ございませんが、営業部のほうから既存顧客への配慮が足りないので修正したほうが良いのではという意見がありまして、再度ご相談させていただきたく、また追ってご連絡さしあげます。
よろしくお願いします。

◎タイトル・見出しはさらに短く「20字以内」

「一文60字以内」は、一般的な文章を書く場合です。

企画書やウェブ記事などの**タイトル・見出し**については、より短く**「20字以内」**を目指してください。

20字以内のタイトルを、雑誌の見出しを例に紹介しましょう。

- **「しなくていい」ダイエット**（『サンデー毎日』2021年7月4日号）**13字**
- **梅雨バテ夏バテは脳を冷やして解消**（『AERA』2021年6月28日号）**16字**
- **部屋に、美しいもの、かわいいものを。**（『&Premium』2021年8月号）**18字**
- **これからの人生が変わる　大人の目元革命**（『美的GRAND』2021年7月号）**18字**

広告のキャッチコピーはさらに短く、15字以内のものが多いです。広告を立ち止まってじっくり見る人はほぼいません。数秒で読み切れる文字数を目指しているのです。

仕事であなたが書く、資料や企画書の見出し・タイトルも同じです。

じっくり読ませるものではありません。

見出しは、おもしろそう、なんだろうと、瞬時に興味をひくものでなければいけません。

目標は20字以内です。

文章ならワンセンテンス60字以内、タイトル・見出しなら20字以内。

まずは、この基本文字数を覚えてください。

では、その文字数に収めるためには、どうすればいいのか。

それは、たった**2つの絶対ルール**を守るだけです。

誰でも簡単にできる、そのルールについて、これから詳しく説明していきましょう。

絶対ルール

1

ワンセンテンス・ワンメッセージ

◎文章の基本は「一文一意」

ワンセンテンスが長くなる最大の原因は、**伝えたいメッセージをいくつも盛り込んでいること**です。

複数の要素を一文に盛り込むと、文章が長く複雑になり、結局どのメッセージも伝わりません。

まじめで誠実な人ほど、経緯も理由もすべてていねいに盛り込もうとする傾向にあります。伝えたい気持ちが、空回りしているのです。

冷静に考えてください。**すべてを一文で一気に伝える必要はありません。**

一文一意という言葉がありますが、**ワンセンテンスで語るメッセージは1つだけでいい**

のです。

ここで言うメッセージとは、伝えなければいけない「情報」のことです。仕事では、多くの情報を伝えなければいけない場面もあるでしょう。そんなときも、一文に1つずつ分けて書けばいいのです。

文章が上手な人であれば、一文に複数の情報を入れてもわかりやすく書けるかもしれません。

しかし、基本は一文一意です。

文は、シンプルであるほどわかりやすいからです。

一文60字以内を目指すために、「**ワンセンテンス・ワンメッセージ**」を常に意識しましょう。

これさえ守っていれば、読みやすく短い文が必ず書けます。

ここでは、ワンセンテンス・ワンメッセージを実現するためのポイントを3つお伝えします。

POINT

メッセージごとに文を小分けする

次の一文を読んでください。これは実際に私が受け取った、ある化粧品メーカーからのメルマガです。商品が特定できないよう少し手を加えましたが、わざと長く、わかりにくくするなどはしていません。

このマスカラは、髪を内側からケアするヘアトリートメント「○○」の美髪成分を贅沢に配合し、まつ毛をボリュームアップしながら、しっかりケアをしてくれる1本で2役のアイテムなんです。

数えてみると、ワンセンテンス88文字もあります。これを書いた人は、きっとまじめで仕事に対する熱意があるのでしょう。商品の良さを伝えたいという思いが強く感じられます。

しかし、内容がわかりにくく、どの情報も頭に残りません。伝えたいという思いが、逆に文章を伝わりづらくする。こんなに残念なことはないでしょう。

原因はやはり、ワンセンテンスにメッセージを盛り込みすぎていることです。「美髪成分を贅沢に配合」「まつ毛をボリュームアップ」「1本で2役のアイテム」など、一文に多くの情報が入っています。

このように一文が長く、読みづらいと感じる場合は、たいてい多数の情報が混在しています。**文を見直し、メッセージごとに小分けしましょう**。それだけで文章は一気にわかりやすく変化します。

試しに、先ほどのメルマガをメッセージごとに小分けにしてみます。

・このマスカラは、髪を内側からケアするヘアトリートメント「○○」の美髪成分を贅沢に配合しています。
・まつ毛をボリュームアップします。
・さらに、しっかりケアをしてくれる、1本で2役のアイテムなんです。

メッセージごとに分けたことで、それぞれの内容が一気にわかりやすくなりました。ワンセンテンス・ワンメッセージのシンプルな文章であれば、読み手はその意図を瞬時に理解できるのです。

また、メッセージを小分けすると、改善点やムダな内容も見えてきます。

たとえば、「美髪成分」とは髪をケアする成分のことです。すると、次に続く内容は「ボリュームアップ」より「しっかりケア」のほうが、理解しやすいことに気づきます。

また、「髪を内側からケアする」と「美髪成分」は似た意味を持つので、どちらかは削れそうです。それぞれを反映してみましょう。

このマスカラは、ヘアトリートメント「○○」の美髪成分を贅沢に配合しています。まつ毛をしっかりケアします。さらに、ボリュームアップも叶える、1本で2役のアイテムなんです。

いかがでしょう。

一文にいくつもメッセージを詰め込むと、伝わりづらくなる

×

内容がつかみづらく、
どの情報も頭に残らない

Aであり、Bであり、Cでもある。

◎

それぞれの内容が瞬時に
理解できる

Aです。Bです。Cです。

最初の文に比べると、理解しやすくなったと思いませんか？　それぞれの情報もスッと頭に入ってきます。

このように、メッセージごとに文を小分けにすれば、おのずとワンセンテンスは短くなり、文章もスッキリ整います。

文をメッセージごとに小分けする。これだけで、とたんにわかりやすい文章になるのです。慣れないうちは、まずいつも通りに書いてみて、後からメッセージごとに分けるといいでしょう。

◎「体言止め」でリズムをつくる

なお、先ほどの例文にはまだ改善点があります。

それは文章のリズムの悪さです。

文末に「ます」が続き、リズミカルに読めません。

このとき、有効なテクニックが**「体言止め」**です。体言止めとは、「です、ます」や「だ、である」で終わらず、文末に名詞や代名詞を持ってくることです。

例文の「贅沢に配合しています。」を体言止めにすると「贅沢に配合。」となります。体言止めにすると、文にリズムが出て、後ろの文への受け渡しがよりスムーズになります。反映してみましょう。

このマスカラは、人気のヘアトリートメント「○○」の美髪成分を贅沢に配合。まつ毛をしっかりケアします。さらに、ボリュームアップも叶える、1本で2役のアイテムなんです。

このように、リズムよく読める文章となります。

声に出したときにリズムが悪く、読みづらさを感じるなら、体言止めをうまく活用するといいでしょう。

ただし、体言止めが続きすぎるのもよくありません。ぶっきらぼうな印象になり、反対に文の流れが悪くなることもあります。ほどよくミックスすることを心がけてください。

課題 1

メッセージごとに文を小分けにしてみよう

次のわかりづらい例文を、メッセージごとに小分けにしてみましょう。メッセージごとに文を区切る。それが、読みやすく、伝わる文章を書くためのファーストステップです。

例文

この本は、短く書く技術を伝え、ビジネスパーソンの方々が抱える、「文章を書くのが苦手」「伝わる文章が書けているか不安」という悩みにフォーカスし、それらを解決して、ビジネスでの評価・結果を好転させることを目的としています。

解答例

この本では、短く書く技術を伝えます。主に、ビジネスパーソンが抱える「文章を書くのが苦手」「伝わる文章が書けているか不安」などの悩みにフォーカス。それらを解決し、ビジネスでの評価・結果を好転させます。

POINT

「いらない情報」を見極める

「ワンセンテンス・ワンメッセージ」が身についたら、次は一歩進んで、**文章全体のメッセージを取捨選択**しましょう。

いくらワンセンテンスを短くしても、文章全体にメッセージが盛り込まれすぎていては、読み手に伝わりづらくなります。

営業資料、メルマガなどで、伝えたいことを盛り込みすぎて、結局どれも伝わらない文章をよく見かけます。

あれもこれも、すべてしっかり伝えなければいけない！

そんな真面目で強すぎる思いを、まずは捨ててください。

あなたが思っているよりも、省いていい情報は多いのです。少しくらい省いて伝えても、人はわかってくれます。まずは、必要な情報といらない情報をしっかり整理することが大切です。

とはいえ、情報の精査は難しい作業です。頭の中でパッとできるものではありません。伝えたいことがたくさんある。

そんなときは伝えたい内容をざっと箇条書きにしてみましょう。それを見ながら、必要な情報を選び、いらない情報は省いて、最適な文章に組み立てていけばいいのです。プロのライターさんも、書き始める前には情報を箇条書きにして整理するといいます。

とくに情報が多いときは、**「ふせん」を使いましょう**。ふせんに書けば、重要度順に並べ替えるなど、より情報を整理しやすくなります。

◎桃太郎を100字以内で説明するなら

それでは、実際にやってみましょう。

今回は、むかし話「桃太郎」のストーリーを100字以内にまとめてみます。

まずは試しに、頭の中だけで伝えるべき情報を考えてみてください。

文章全体の情報は「ふせん」で整理しよう

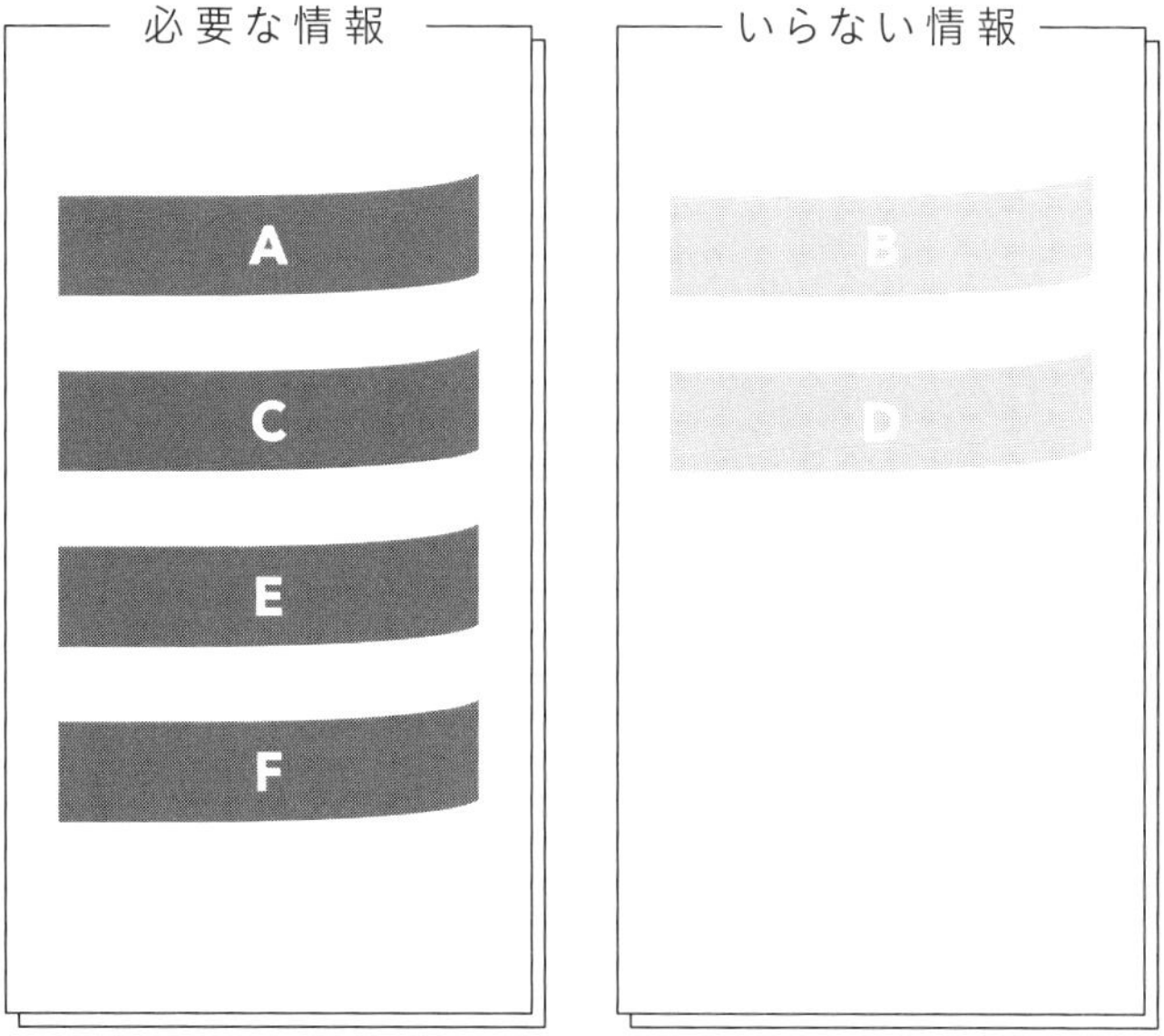

いかがでしょう？

「おばあさんは川へ洗濯に、おじいさんは山へしば刈りに行きました」と、物語の始まりを思い浮かべたのではないでしょうか？　これだけで、すでに30字。この調子で書いていたのでは、とても100字には収まりません。

頭の中で情報が散らかっている状態では、あれもこれも大事に思えて、すべて伝えなければと思いがちです。その結果、記憶に残っている順番に、情報をパラパラとつなぎ合わせて書いてしまいます。

そうやって書いた文章は、たいていまとまりがなく、わかりにくい長文になります。

頭の中だけで文章を組み立てるのは大変な作業です。

面倒に思えても、情報を箇条書きにしてアウトプットしましょう。目の前に並べて見ることで、必要な情報を選びやすくなります。

では、桃太郎の情報を箇条書きにしてみましょう。

1. おばあさんは川へ洗濯に、おじいさんは山へしば刈りに行った
2. おばあさんが川で洗濯をしていると大きな桃が流れてきた

3. 桃を割ると、桃太郎が誕生
4. おじいさん、おばあさんは桃太郎を大切に育てた
5. 成長した桃太郎は、鬼退治のために鬼ヶ島へ旅立つ
6. 道中でイヌ、サル、キジに出会い、キビ団子を与えて家来にする
7. 鬼ヶ島で鬼を征伐
8. 鬼が所有していた金銀財宝を故郷に持ち帰る
9. その後、おじいさん、おばあさんと仲良く暮らす

ここでは、書き出す順番にはこだわりません。情報の切り取り方も自由です。細分化しても、近しい情報を1つにまとめてもかまいません。

たとえば、「おばあさんは川へ洗濯に、おじいさんは山へしば刈りに行った」という情報を「おばあさんは川へ洗濯に行った」「おじいさんは山へしば刈りに行った」と分けてもいいでしょう。

まずは、とにかく思いつく限りの情報を書き出すことが大切です。

書き出した情報から重要なものを選び、情報を取捨選択してください。

このとき、**もっとも伝えなければいけないコアな情報を1つ決める**といいでしょう。コアな情報を伝えるためには、ほかにどの情報が必要か。それが大きな判断基準となります。

たとえば、コアな情報として、「7．鬼ヶ島で鬼を征伐」を選んだとしましょう。すると、その補足として5、6、8が必要だと考えることができます。

そこに、桃太郎の基本情報である2、3を付け足し、100字以内にまとめたのが次の文章です。

老夫婦が川で大きな桃を拾う。その桃から桃太郎が誕生。成長した桃太郎は、鬼退治を決意し、鬼ヶ島へ旅立つ。キビ団子を与えて家来にしたイヌ、サル、キジとともに鬼を征伐。鬼の金銀財宝を故郷に持ち帰った。（計97字・句読点含む）

これだけ書かれていれば桃太郎がどういう主人公で、どんなストーリーかがつかめるでしょう。

このように、ワンセンテンスがいくつもつらなる長い文章を書く場合は、まず全体の情報を整理することが大切です。

情報を整理し、不要な情報を排除する。それだけで、詰め込みすぎてわかりづらい文章から脱することができます。

課 題 2

自己紹介を100字以内で書いてみよう

自分の情報をふせんに書き出し、重要度順に並べましょう。それをもとに、あなたの自己紹介文を100字以内でまとめてください。

POINT

タイトル・見出しは「広げる、選ぶ、磨く」

タイトル・見出しの場合はとくに、ワンセンテンスに多くの情報を盛り込むのは得策ではありません。情報を詰め込みすぎると主旨がぼやけ、大切なことが伝わりません。

タイトル・見出しも、ワンセンテンス・ワンメッセージ。これが大原則です。

私たちコピーライターも、多くの商品情報の中から伝えるべきメッセージを1つ選び出します。すぐれたキャッチコピーは、常にワンメッセージです。

それは、企画書のタイトルや見出しでも同じこと。

私が携わる広告業界でも、プレゼンの企画書は仕事を勝ち取るための大事な武器であり、さまざまな工夫がなされています。

そこで大切にされているのは「一目でわからせる技術」です。文字でぎっしり埋まった企画書は読み飛ばされるからです。

以前仕事をした、コンペに連戦連勝の大手広告代理店のクリエイティブディレクターは、プレゼンの企画書が全ページ1行でした。

タイトルや見出しもワンセンテンス・ワンメッセージ。それが人を一瞬で惹きつける基本なのです。

◎「見出し」で説明してはいけない

例を挙げて詳しく説明していきましょう。飲食店を経営する企業にて、「女性顧客を増やすアイデア」を提案します。

その企画書の1枚目で、このようなタイトルを書いたとします。

＝　話が弾《はず》む個室で、旬の野菜中心のおいしい糖質ゼロメニューで女子会を　＝

どの情報も頭に入ってこない。そう感じませんか？

提案内容を詳しく説明しようとするあまり、情報が盛りだくさん。結局、何が言いたいかが伝わってきません。

多くの人がやってしまうのが、このように見出しで内容を説明してしまうことです。

しかし、タイトル・見出しは、内容の要約ではありません。

ここで大切なのは、一目で〝魅力〟を伝えること。タイトル・見出しは**相手を惹《ひ》きつけるための武器**なのです。そのためには、メッセージを1つに絞らなければなりません。

一番大切だと思うことを選び取り、伝えることで、メッセージは力を持つのです。

先ほどのタイトルも、次のようにメッセージを絞り、シンプルにするとどうでしょう？

＝　新提案！　糖質0女子会　＝

こちらのほうが、スッと提案の主旨が伝わってきませんか？

これこそ、情報を絞った効果です。「話が弾む個室」「旬の野菜中心」など、詳しい内容は、企画書の2枚目から順番に述べればいいのです。

メッセージを1つに絞って発信する。それが、伝わるタイトル・見出しをつくるカギなのです。

◎プロも使っている「タイトルづくり」の3ステップ

では、タイトルのワンメッセージをどう選べばよいか。

「1つだけ選べと言っても、伝えたいことがたくさんあるので選べない」「どれが1番相手に響くかわからない」。そんな疑問が浮かんでくるはずです。

なんの手がかりもなく、いきなり1つに絞るのは簡単ではありません。

そこで、多くのコピーライターが使っている、**タイトル・見出しのつくり方**を紹介しましょう。ワンメッセージを選び出し、心に響くタイトルをつくるための3ステップです。

① **広げる**
② **選ぶ**
③ **磨く**

それぞれ詳しく説明していきます。

① 広げる

まず、あなたが伝えたいことをすべて書き出します。

先ほどの例、「女性顧客を増やすアイデア」であれば、次のようなものが考えられます。

話しやすい個室／旬の野菜中心／糖質ゼロの料理／SNS映えするカラフルなサラダ／カロリーが低い／少量で品数が多い／お得感のある価格設定／レディスデー／オーガニックドリンクが充実

ここでは、できるだけたくさん伝えたいことを書き出しましょう。

すべて出しきったと思ったら、それぞれの項目をカテゴリ分けします（項目をふせんに書いておけば、カテゴリ分けがしやすく便利です）。

まず書き出した項目を、内容の近いもの同士で集めてください。これを「島分け」と言います。そうすると、この島は「価格」、こちらの島は「健康志向」と、自然とカテゴリのタイトルが浮かんできます。

【環境】話しやすい個室
【健康志向】旬の野菜中心／糖質ゼロの料理／カロリーが低い
【女性に好まれる】ＳＮＳ映えするカラフルなサラダ／少量で品数が多い／オーガニックドリンクが充実
【価格】お得感のある価格設定／レディスデー

カテゴリ分けをして見ると、「環境には大きな差別化ポイントはない」「サービスに関する項目がない」など、さまざまなことに気づけます。それらを踏まえて、さらに伝えたい項目をたくさん書き出しましょう。

先にカテゴリのタイトルを考え、それにあった項目を書いていくのも良い方法です。作業の途中に新しいカテゴリを思いついたら、それに入る項目もどんどん増やしてください。

この段階では、伝えたいことがいくら増えてもいいのです。それが、良いワンメッセージの選択につながります。

② 選ぶ

伝えたいことを書き出し、カテゴリ分けをしたら、絶対に伝えるべきカテゴリを1つ選びます。

「提案内容がもっとも際立つのは？」「ターゲットにふさわしいのは？」と、さまざまな基準に当てはめて考えます。

このとき、とくに大切なのは「ターゲット（ペルソナ）」を考えることです。

「20～30代の女性」のようにぼんやりしたターゲット像では、より良い選択はできません。広いターゲットに向けた言葉はあいまいになり、えてして誰の心にも伝わらないからです。

詳細な一人の人物像（ペルソナ）をリアルに想定してください。

広告制作の場合も、マーケティングデータなどを踏まえて、ペルソナをとことん具体化して考えます。

年齢、職業、収入、家族構成、趣味、悩み、楽しみなどなど、ターゲットの個人像を浮かび上がらせて、よりふさわしいメッセージを選ぶのです。

今回のケースでは、これくらいまで掘り下げて考えるといいでしょう。

28歳の独身女性。飲料メーカーの人事部に勤務。年収400万円。趣味はヨガ。体重が増えてきたことが悩み。健康意識が高く、オーガニック食材を積極的に選んでいる。

この女性にもっとも響くカテゴリは何か？　トピックは何か？　と考えるのです。知人や友人にターゲット像に近い人がいるなら、その人を想定してもいいでしょう。具体的なターゲット像を設定しておくと、選んだ理由がきちんと説明でき、企画書にもリアリティが出ます。

今回は、ターゲット像を踏まえて「健康志向」のカテゴリを選びました。

では、その中のどのメッセージを選ぶか？

最後に決めるとき大切にしたい基準は**「ほかにはない」**ということです。より独自性の高いメッセージを選んでください。

「旬の野菜中心」「糖質ゼロの料理」「カロリーが低い」。この中なら、私は「糖質ゼロの料理」を選びます。外食で糖質ゼロというメニューは、あまり目にしないからです。

③ 磨く

最後に、選んだメッセージをタイトルにふさわしい一文にします。企画書のトップページが「糖質ゼロの料理」ではそっけない印象ですし、アイデアの良さも伝わりません。

そこでまず、〝新しいことをやりたい〟という熱意を表すために「新提案」という言葉を加えます。

次に、〝女性顧客を増やす〟という主旨をハッキリ伝えるために「料理」ではなく「女子会」という言葉に変えました。より目をひくタイトルにするため、「ゼロ」は「0」に変えます。完成したのが**「新提案！　糖質0女子会」**です。

言葉を磨くときには、〝読み手〟に響くものを考えましょう。

企画書の場合は、決定権を持つ上司を動かすことが大切です。上司に響くキーワードを使うのもいいでしょう。

ウェブ記事やショップの見出しなら、相手は消費者です。カテゴリ分けで考えたペルソナに合った言葉を選ぶことが大切です。

言葉を磨き、魅力的に見せるスキルは、第3章でも詳しく紹介します。

なお、タイトルづくりには、「広告」が最高のお手本になります。しかもすべて無料です。いいなと思うコピーがあれば、メモをして残しておきましょう。タイトルなど短い1行でピシッと決めたいときに、きっと役立ちます。

課題3

ワンメッセージを選んでみよう

伝えたいことを「広げる」、カテゴリ分けして「選ぶ」。まずは、この2ステップを実践してみましょう。自分の長所を書き出し、カテゴリ分けしてください。そこからもっとも自分らしいと思うものを1つ選びましょう。

絶対ルール

2

文の贅肉を徹底排除

◎不要な言葉を削って、文をシェイプアップ

ワンセンテンス・ワンメッセージ。

これを守れば、一文が一気に短くなり、読みやすくなります。

しかし、実はもう1つ、ワンセンテンスが長くなる要因があります。

それは、**余分な言葉**です。不要な言葉は文の贅肉です。排除してスッキリさせなければいけません。

想像している以上に、文には贅肉がついています。ここでは、その代表的なものをいくつか取り上げました。これらを意識的に排除するだけで、あなたの文章の印象はガラリと変わります。

POINT

〝ていねい沼〟に溺れない

余計な言葉の代表的なもの、それは**「ていねいすぎる言葉」**です。

とにかくていねいに書かなければ、という気持ちから、つい余分な言葉を増やしてしまう人がいます。こんな文章です。

新サービスは、これまでにない機能を付けさせていただき、クライアント様の売上アップにさらに貢献させていただきます。ご連絡をいただければ、すぐにご説明にお伺いいたしますので、ご検討いただけますと幸いでございます。

〝ていねい沼〟で溺《おぼ》れて、いらない言葉をプクプク吐き出しているような状態です。

相手に失礼があってはいけないと、ナーバスになる気持ちもわかります。しかし、あまりにていねいすぎる言葉が並ぶと、読みづらく、息苦しさを感じます。かえって相手に悪

真面目な人ほど陥りやすい「ていねい沼」

い印象を与えかねません。

ていねいすぎる言葉を抜けば、次のようにスッキリ、わかりやすい文章になります。

新サービスは、これまでにない機能でクライアント様の売上アップに貢献します。よろしければご説明に伺いますので、ぜひご検討をお願いします。

とくに、これからあげる**4つの「ていねい沼」**は、誰もがはまってしまいがちなものです。これらを削除するだけで、あなたの文章はもっと短く、読みやすく、伝わりやすくなります。

ていねい沼①「いただき」

文を長く、わかりづらくする最大のていねい沼が「いただき」です。

「〜していただき」「〜させていただけますと」など、「いただき」という言葉を目にしない日はありません。「いただき」を使う人は、どこにもかしこにもつける傾向があります。

しかし、**ほとんどの「いただき」は文の流れを悪くし、いたずらに文字数を増やすだけ**

です。適切に削除し、「いただき抜き」にする必要があります。
たとえば、メールであれば以下のように削除します。

ご提案いただき、ありがとうございました。
⇩ご提案、ありがとうございました。

出張に行かせていただくため、欠席させていただきます。
⇩出張のため欠席します。

打ち合わせをさせていただけますでしょうか。
⇩打ち合わせをお願いします。

いかがでしょう？　「いただき抜き」で一文がスッキリと短くなり、わかりやすくなりました。
メールに限らず、企画や商品・サービスの説明文などでも同様です。たとえ顧客向けの文章であっても、ていねいすぎると煩わしい印象になります。多くの場合、断然「いただき抜き」にしたほうが理解しやすいのです。

今すぐお申し込みいただければ、明日からご体験いただけます。
⇓今すぐのお申し込みで、明日から体験できます。

アプリをダウンロードしていただいた方に、お得な情報を配信させていただきます。
⇓アプリをダウンロードすると、お得な情報が配信されます。

1000円お買い上げいただくごとに、50ポイントをプレゼントさせていただきます。
⇓1000円お買い上げごとに、50ポイントをプレゼントします。

もちろん、「いただき」を使わなければいけない場合もあります。

しかし、**基本は「いただき」は削ったほうがわかりやすい**と考えてください。

とくに、ワンセンテンスに複数の「いただき」があると文が長くなり、見た目から読みづらさを感じます。絶対にやめましょう。

ていねい沼②「してあげる」「してくれる」

先日、料理番組を見ていたら、料理研究家がこう言っていました。

「鶏肉に衣をしっかりつけてあげたら、低温でじっくり揚げてあげてください。さっくりと揚がってくれるんですよ」

「~してあげる」「~してくれる」。この言葉は、いったいいつから、こんなにも市民権を得たのでしょうか。料理のレシピや化粧品の説明文でもよく目にします。なぜこんなに使われているのか、不思議でならない言葉です。

「あげる」「くれる」を多用する人は、それがていねいな言い方だと信じているのでしょう。しかし、まったく不要です。

とくに書き言葉では、**「あげる」「くれる」は文の贅肉になるだけ**です。意識的にカットし、スマートな文章にしましょう。

「ペットフードは、成長に合わせて選んであげてください。
⇩ペットフードは、成長に合わせて選んでください。」

「目もとにハイライトを入れてあげると、印象が明るくなってくれます。
⇩目もとにハイライトを入れると、印象が明るくなります。」

「粉をしっかり捏《こ》ねてあげることで、より弾力が出てくれます。
⇩粉をしっかり捏ねると、より弾力が出ます。」

ていねい沼③「していただいてよろしいでしょうか」

何かをお願いするとき、よく使われるのが「〜していただいてよろしいでしょうか」です。この言葉も、文を長く読みづらくする、ていねいすぎる言葉の1つです。

もし、あなたが相手に何かをお願いをするときは、**「〜していただいてよろしいでしょうか?」は、「お願いします」に言い換えましょう**。

「〜してください」と言い切るのは、少し上から目線できつい印象になります。しかし、

「お願いします」であれば、ていねいさを保ったまま短くできます。

売上アップにつながるよう、企画をブラッシュアップしていただいてよろしいでしょうか。

⇩売上アップにつながるよう、企画のブラッシュアップをお願いします。

納期を短縮していただいてもよろしいでしょうか。

⇩納期の短縮をお願いします。

よりていねいにしたい場合は「お願いいたします」「お願いしたく存じます」「お願いできますと幸いです」など、表現で工夫するといいでしょう。

先日のご提案ですが、再考していただいてもよろしいでしょうか？

⇩先日のご提案、再考をお願いできますと幸いです。

ていねい沼④「のほう」

「のほう」は、「AよりBのほうが優れている」など、主に比較する場合に使われる言葉です。

しかし、ていねいな言い方として「のほう」をつける人もいます。「メニューのほうお持ちしました」「お弁当のほう温めますか?」など、いわゆるバイト敬語と言われるものです。

これも文章を読みづらくする要因の1つです。文章自体もあいまいな印象になります。

資料のほう、お送りしました。
⇩資料をお送りしました。

次回の定例会は、会議室Aのほうになります。
⇩次回の定例会は、会議室Aになります。

このように、「のほう」がなくても、まったく問題ありません。
ていねいにしようとしてつける「のほう」はすべてとり、スッキリさせましょう。

課題 4

ていねい沼にはまった メールを直そう

次の例文の中で、読みづらさの原因になっている「ていねいすぎる言葉」を探してください。そして、読みやすいスッキリした文に書き換えてみましょう。

例文

ご注文書のほうをFAXでお送りいただいた場合、確認させていただくまでにお時間がかかります。お急ぎの場合は、メールにてご注文いただいてもよろしいでしょうか。

解答例

FAXでのご注文の場合、確認までにお時間がかかります。お急ぎの場合は、メールでのご注文をお願いします。

POINT

クセワードの二大巨頭「という」「こと」

「という」と「こと」。この2つは、ついクセで書いてしまう**二大クセワード**です。なぜか文章につけてしまう〝いらない言葉〟の筆頭です。自分の意思に関係なく、勝手に手が動いているかのように書いてしまいます。

もちろん、必要な場合もあります。つけたほうが伝わりやすいときもあります。

しかし、ほとんどの場合は不要です。

クセで書いている人は、意識して削るようにしてください。

クセワード①「という」

「という」は文を冗長にします。そのうえ、ほとんどの場合で省いても意味が通じます。

つい入れてしまいますが、**「という」はほぼいらない言葉**なのです。

書いた文に「という」が出てきたら、試しに削ってみましょう。

それで問題なく通じるなら、その「という」は必要ありません。積極的に削ってストレートな言い回しにしましょう。

日程が変わったということを知りませんでした。
⇩日程が変わったことを知りませんでした。

リモートワークが増えているということもあり、部署内での連絡方法を変更したいと思います。
⇩リモートワークが増えていることもあり、部署内での連絡方法を変更します。

クセワード②「こと」

「こと」も多くの人が無意識に書いてしまうワードです。実は、私も「こと」を多用するクセがあり、いつも気をつけるようにしています。

何度も「こと」が出てくると、回りくどく煩わしい文章になります。知り合いの編集者も「こと」が出てきたらその文章は必ず見直すと言っていました。

もちろん入れたほうが良いときもあります。しかし多くの場合、別のスマートな表現に言い換えられます。

たとえば、先ほどの「という」を削った後の文章にも「こと」が入っています。これも「こと」を取ると、よりスッキリした文になります。

日程が変わったことを知りませんでした。
↓日程の変更を知りませんでした。

リモートワークが増えていることもあり、部署内での連絡方法を変更します。
↓リモートワークの増加もあり、部署内での連絡方法を変更します。

このように、スマートな表現に変えられるのです。
ほかにも、いくつか例を見てみましょう。

目標を達成することができ、いっそう絆を深めることができました。

↓目標を達成でき、いっそう絆を深められました。

シニア世代がストレス発散できることを目標としました。
↓シニア世代のストレス発散を目標としました。

いかがでしょう。「こと」抜きのほうが、断然スムーズでわかりやすい文章になっています。

「こと」が出てきたら、よりスマートな表現にするチャンスです。ぜひ意識的に削除・変換していきましょう。

課題5

「という」「こと」を省いてみよう

次の文章から、二大クセワードを省きましょう。

例文

明日の定例ミーティングですが、会議室がAからBに変わるということです。急な変更でご迷惑をおかけすることになりますが、よろしくお願いします。

解答例

明日の定例ミーティングは、会議室がAからBに変わります。急な変更でご迷惑をおかけしますが、よろしくお願いします。

POINT

接続詞の9割はいらない

接続詞は、文の行く先を示すウインカーだと言われます。うまく使えば、読み手を迷子にさせません。使いこなせば、文章をつなぐ最高の役割となります。

しかし、多すぎると流れを遮《さえぎ》り、ゴツゴツと読みにくい文章ができあがります。たとえば、次のような文章です。

前期は、新規顧客獲得の目標数が未達となりました。ですので、今期はよりネットでのプロモーション活動を重視します。したがって、早急に活動内容を精査してください。

不要な接続詞によって文章が断ち切られ、スラスラと読み続けられません。接続詞は、使い方によって文章を良くも悪くもするのです。

接続詞は、文章を仕事にする人の中でも「積極的に使うべき」派と「極力少なくすべき」派に分かれます。どちらの意見も一理あります。

しかし、仕事の文章においては、文を長くする贅肉とみなし「極力少なくすべき」です。短くスッキリさせるために、可能な限り省いたほうがいいでしょう。

では、どれを省くか。

その基準は、**「接続詞がなくても通じるなら省く」**です。

お祝いのお花はすべてお断りしています。ですので、お気使いは不要です。

⇩お祝いのお花はすべてお断りしています。お気使いは不要です。

社長から若年層への配慮が足りないとの意見がありました。そこで、再検討をお願いします。

⇩社長から若年層への配慮が足りないとの意見がありました。再検討をお願いします。

このように、なくても理解できる接続詞は多くあります。むしろ、削ったほうが文も短くなり、スッキリします。

文章にリズムの悪さや読みづらさを感じるなら、接続詞が原因かもしれません。

削って意味が通じるなら取る。

今日からは、ムダな接続詞を入れる習慣はやめにしましょう。

◎接続詞を入れたほうが良い2つのケース

一方で、接続詞を入れたほうが良い場合もあります。

その1つが、**「逆接」の接続詞**です。

「しかし」「ところが」など、前文を受けて予想されるものとは別の内容が続くときに使います。

逆接の接続詞があると、文章の展開を予測しやすくなり、スムーズに読み進められます。まさに、ウインカーの役目をはたすのです。次の例文がそうです。

調査結果を反映して商品をリニューアルしました。しかし、売上は目標を下回りました。

また、**「添加」の接続詞**も役に立つことがあります。

「さらに」「しかも」「そして」「そのうえ」「それどころか」など、前の内容に、さらに内容を付け足すときに使う接続詞です。

これは、後ろに付け加えたメッセージを強調したい場合に活用できます。

男性も肌あれに悩み、肌質にあったスキンケアを探しています。

⇩男性も肌あれに悩み、そして肌質にあったスキンケアを探しています。

B社は研究力に強みがあり、営業力も抜きん出ています。

⇩B社は研究力に強みがあり、そのうえ営業力も抜きん出ています。

「そして」や「そのうえ」をつけたことで、後半の文章「肌質にあったスキンケアを探しています」「営業力も抜きん出ています」がより印象に残ります。このように、強調したい内容がある場合は、「添加」の接続詞が有効な場合があるのです。

ただし、後ろのメッセージを強調する意図がなく、文全体をスッキリさせたい場合は省いたほうがいいでしょう。

課題6

接続詞を省いてみよう

次の文章の接続詞を、可能な限り省いてください。

例文

ワンセンテンスの文字数が多すぎると文章は読みづらくなります。なぜなら、余計な情報が詰め込まれている可能性があるからです。したがって、一文60字以内、ワンメッセージを基準に文章を短くする必要があります。

解答例

ワンセンテンスの文字数が多すぎると文章は読みづらくなります。余計な情報が詰め込まれている可能性があるからです。一文60字以内、ワンメッセージを基準に文章を短くする必要があります。

絶対ルール

+1

最後に「推敲」

◎一晩おいて、紙で見直す

2つの絶対ルールを守って書いたら、最後の仕上げです。少し面倒でも、書いた後に必ず読み直して推敲《すいこう》してください。

多くの文章のプロが、1~3日ほど時間をおいて推敲します。これは、自分の書いた文章を客観的に見るためです。

とくに企画書やプレスリリースなどは、**少なくとも一晩おいてから推敲すべきです**。

書いた直後は「できた!」という安堵と達成感で、読み直してもミスに気づきにくい精神状態です。それが一度寝ると、まっさらな気持ちで文章を見直せます。

思いがこもった良い文だと思っていた箇所がくどくて流れを邪魔していた。反対に肝心なことが説明不足になっていたなど。新たな気づきを得られます。

紙で推敲する、というのも大切なポイントです。

私の場合、コピーを書いた後は、一晩おいてプリントアウトして紙で読み直します。すると、モニター越しで見ていたときとは違う感覚で読め、さまざまなことに気づけます。

とある脳科学の実験でも、脳は紙とモニターでまったく違う反応を示すことが明らかになっています。

この実験では、「紙のほうが、情報を理解する前頭前皮質の働きがよくなる」「ディスプレーよりも紙のほうが情報を理解させるのにすぐれている」という結果が示されました。

また、モニター越しではなく、プリントアウトした用紙で読むほうが、より読み手に近い気持ちになれるのでおすすめです。

文章のリズムを確認するときには、声に出して音読するのが有効です。声に出して読むと、「ここが読みづらいな」「この接続詞がリズムを邪魔しているな」といった新たな発見があります。

こうして文章を推敲すれば、さらに読みやすく、伝わる文章になるでしょう。

1度で完璧な文章を書ける人などどこにもいません。何度も見直して、手を加えてより良い文章に仕上がるのです。

メールやチャットの場合は、一晩おく時間はないでしょう。

しかし、必ず1度は読み直してから送信してください。それだけで、あなたの評価はきっと大きく変わります。

COLUMN

大先生の文章術から学ぶ①

大野晋先生『日本語練習帳』

コピーライターになってから、私は文章術に関する本をたくさん読みました。自分の文章が世に出たことで、「私の日本語って本当に大丈夫なの？」と不安でいっぱいになったからです。

子どものときから本が大好きで、作文だけは得意でした。しかし、勉強が大嫌いだった学生時代を思うと、いまひとつ自分の国語力に自信が持てなかったのです。

さまざまな文章術本の中でも、圧倒的におもしろく、興味深く読んだのは文豪や国語学者の先生が書いた文章読本です。

とくに、国語の勉強という観点でもっともためになったのは、国語学者・大野晋《すすむ》先生の『日本語練習帳』（岩波新書）です。

練習問題に答えながら日本語をトレーニングする本で、１９９９年の刊行以来、累計発行部数はなんと190万部超。日本語力を磨きたい人を惹きつける魅力が、ぎっしり詰まっています。この1冊を読み通せば、誰でも日本語力が倍増するでしょう。
大野先生は、この本で次のように書いています。

日本語の文章の難解さはセンテンスの長さに関係します。字数を見ただけで文章の難解さは、およそ分かるといってもいい。また、長いセンテンスだと中身があれこれ多くて、明晰さに欠けてくる。

「長いセンテンスは明晰《めいせき》さに欠ける」という内容は、まさに私が伝えたいことであり、大切にしていることの1つです。
また、大学の授業で「新聞の社説を縮約する」という課題を出していたとも書かれています。

社説の文章の縮約を三〇回すると有効だと思います。ええっ？ 三〇回も？ と思うでしょう。ところが、続けていくと途中から目が鋭くなって、肝腎のところが読みとりやすくなり、かなり書けるようになります。

大野先生が課題としたのは、1400字の社説を400字に縮約するというものです。これを30回。なかなかハードです。しかし、次の文章からも、学生に大変好評だったことがうかがえます。

ある学生は、会社に勤めて「あの縮約の授業が一番役に立った」といいました。また、ある学生は出版社に勤めたのですが、「君はオビを書くのがうまいねといわれた」といいました。

文章を縮約するときのポイントとして、大野先生は次のことをあげています。

・近隣に同じ表現を繰り返さない
・似ている単語の中から適切な言い換えを選ぶ
・書いた文章を読み直し、句読点を明確に使う

・文章としてリズムを整えていく

これらを意識し、縮約を繰り返す。それが文章力を上げると紹介されています。

しかし、1400字を400字にするのはなかなか大変です。新聞やネットニュースの記事を半分にするなど、もう少し短めの文字数から始めてみてもいいでしょう。

文章力を上げたい方は、ぜひチャレンジしてください。

第 2 章

わかりやすく

「数字」の力で、
脱・あやふや長文

「数字」は、伝わる文章の飛び道具

◎「早く、正確に伝わる文章が書ける」は最強のスキル

仕事で文章を書く目的はさまざまです。「伝達」「指示」を目的とするメールや報告書。「説明」「説得」をする企画書やプレスリリース。そのすべてにおいて、早く、わかりやすく、正確に意図が伝わるのがベストです。

「電話や会話で伝えればいいのでは？」と思う人もいるかもしれません。しかし最近では、自分のペースを邪魔されるからと電話を嫌う人も多くいます。

それに、テレワーク時代の今、書くことから逃げられない仕事は増える一方です。

今や「早く、正確に伝わる文章が書ける」は、ビジネスパーソンの必須スキルなのです。

そこで第2章では、**あなたの意図をより早く、正確に相手に伝える文章表現法**について

紹介します。商品・企画の素晴らしさや指示の内容などを相手に瞬時に理解してもらい、思い通りの結果を得るためのテクニックです。

◎そのひと言、数字に変えれば10倍伝わる

早く、正確に伝わる文章を書く。そのために、もっとも簡単で、すぐに効果を感じられるのが**「数字」**の活用です。

数字は相手の理解を促し、表現上の魅力も増します。**数字によって、文章に「具体性」と「説得力」が生まれる**からです。

広告においても、その力を使ったコピーをよく目にします。

がんは、万が一じゃなくて二分の一。（日本対がん協会）
ニッポンの0・01ミリ台（オカモト）
牛一頭食べたとしても、999円。（フードマン）
英語を話せると、10億人と話せる。（ジオス）

数字の力が活きるのは、何もコピーだけの話ではありません。次の数字のない文章を読んでください。

企業などのAIへの総投資額は、ここ数年で非常に増えており、そう遠くない未来に、AIやロボットが人類に代わって想像以上に多くの仕事をこなす新たな世界が訪れる。

内容が抽象的で、ぼんやりした印象を受けませんか?

多くの言葉を尽くして説明しているのに、「新しい世界が訪れる」という主張には、いまいち説得力がありません。「非常に」「そう遠くない未来」「想像以上に」など、抽象的な言葉で構成されているからです。

これらを数字で表現したのが次の文章です。

企業などのAIへの総投資額は2024年に20年の2倍の約12兆円に増え、世界の自動車産業の研究開発費に迫る。(中略)30年代半ばにはAIやロボットが人類に代わって、最大3割の仕事をこなす新たな世界が訪れる。
（『日本経済新聞』2021年5月24日）

いかがでしょう？　同じ内容なのに、はっきりと数字で示された文章のほうが圧倒的に相手の意図が伝わり、説得力もあります。

次の例も見てみましょう。
スタッフへの指示を伝えるメールの一文です。2つの文章を比べてください。

A 明日は雨の予報が出ています。イベントの雨対策をお願いします。
B 明日は降水確率90％です。イベントの雨対策をお願いします。

「雨の予報」という言葉を「降水確率90％」と数値化したことで、情報が具体的になり、緊張感の伝わる文章になりました。AとBでは、連絡を受けたスタッフの気構えはまったく違ってくるでしょう。

この強い説得力と具体性に加え、数字には、**一目見てパッと理解できるスピード感**もあります。次の2つを比べてみてください。

Ⓐシンプル極めた、超節約レシピ
Ⓑシンプル極めた、100円レシピ

「100円」としたことで、「節約」のレベルが一瞬でわかります。「超節約」の解釈は人それぞれですが、「100円」であれば一目で理解できます。

次の文も、比べてみましょう。

Ⓐ薄くてコンパクトな設計
Ⓑ薄さ2㎝のコンパクト設計

Ⓐ少し入れるだけでプロの味
Ⓑ小さじ1杯でプロの味

どちらの例文も、数字で表現したほうが一瞬で伝えたいことがわかります。そして、魅力的に感じます。

このように数字を使えば、伝わる力は何倍にもパワーアップします。具体的で強い説得力、そして一目で理解できるスピード感。

数字は、伝わる文章を実現する最強の武器なのです。

そんな便利な数字の**「3つの活用法」**を、これから紹介していきます。

1 「数字入り文章」で大きく心を動かす（↓98ページ）

2 「数字入りフレーズ」で深く印象に残す（↓108ページ）

3 「数字入りコミュニケーション」で早く正確に伝える（↓117ページ）

それぞれ、具体的に説明していきましょう。

読み手の心に響く「数字入り文章」のつくり方

◎人の心は数字に反応する

広告の仕事をしていると、いつも思います。事実ほど強いものはない。そして、それが数字で証明されていれば最高だと。

数字ほど訴求力が強く、心を動かす言葉はありません。

広告はイメージを大切にしていますが、消費者の心はいつも数字に説得されます。

「生地の伸縮率を改善し、さらに動きやすくなりました」より「生地の伸縮率が2倍になって、さらに動きやすくなりました」に心が動きます。

「糖質を大幅カット」より「糖質を90%カット」のほうが気になります。

たくさんある商品からどれかを選ぶときにも、まず「1」の数字に目がいきます。「売

郵便はがき

料金受取人払郵便

渋谷局承認

6817

差出有効期間
2023年12月
31日まで
※切手を貼らずに
お出しください

150-8790

130

〈受取人〉
東京都渋谷区
神宮前 6-12-17
株式会社ダイヤモンド社
「愛読者係」行

フリガナ		生年月日		男・女
お名前		T S H 年 月 日生	年齢 歳	
ご勤務先 学校名		所属・役職 学部・学年		
ご住所 (自宅・勤務先)	〒 ●電話 ( ) ●FAX ( ) ●eメール・アドレス ( )			

◆本書をご購入いただきまして、誠にありがとうございます。

本ハガキで取得させていただきますお客様の個人情報は、
以下のガイドラインに基づいて、厳重に取り扱います。

1, お客様より収集させていただいた個人情報は、より良い出版物、製品、サービスをつくるために編集の参考にさせていただきます。
2, お客様より収集させていただいた個人情報は、厳重に管理いたします。
3, お客様より収集させていただいた個人情報は、お客様の承諾を得た範囲を超えて使用いたしません。
4, お客様より収集させていただいた個人情報は、お客様の許可なく当社、当社関連会社以外の第三者に開示することはありません。
5, お客様から収集させていただいた情報を統計化した情報（購読者の平均年齢など）を第三者に開示することがあります。
6, お客様から収集させていただいた個人情報は、当社の新商品・サービス等のご案内に利用させていただきます。
7, メールによる情報、雑誌・書籍・サービスのご案内などは、お客様のご要請があればすみやかに中止いたします。

◆ダイヤモンド社より、弊社および関連会社・広告主からのご案内を送付することがあります。不要の場合は右の□に×をしてください。 不要 □

①本書をお買い上げいただいた理由は？
（新聞や雑誌で知って・タイトルにひかれて・著者や内容に興味がある　など）

②本書についての感想、ご意見などをお聞かせください
（よかったところ、悪かったところ・タイトル・著者・カバーデザイン・価格　など）

③本書のなかで一番よかったところ、心に残ったひと言など

④最近読んで、よかった本・雑誌・記事・HPなどを教えてください

⑤「こんな本があったら絶対に買う」というものがありましたら（解決したい悩みや、解消したい問題など）

⑥あなたのご意見・ご感想を、広告などの書籍のPRに使用してもよろしいですか？

1　実名で可　　2　匿名で可　　3　不可

※ご協力ありがとうございました。

上ナンバー1」「ベストコスメ第1位」「クチコミ1位」など、ナンバー1戦略は廃《すた》れることなく続いています。

チラシやPOP、ネット広告などにも数字を使ったコピーが多く見られます。「合格率89％」「リピート率9割」「ご愛用者10万人突破」など、あなたも目にしたことがあるでしょう。

具体性のある数字の訴求力は、多くの場面で重宝され、使われ続けているのです。

「女性は数字を嫌う」といった偏見も捨ててください。そんなことはまったくありません。化粧品の広告も数字がいっぱいです。

どんな商品も、「肌への浸透率20％アップ」「12時間化粧くずれなし」など、数字でのアプローチは欠かせません。

試しに、化粧品ブランド「エスティーローダー」のロングセラー美容液「アドバンスナイトリペア」のインターネットサイト（2021年7月現在）を見てみましょう。そこには、次のような、数字を駆使した言葉が並んでいます。

・美しい肌の24時間リズム
・35年を超える独自の研究
・世界中で3秒に1本売れている
・美容誌3冠達成
・1滴の力
・1本の感動
・平均4.7の高評価
・99％の回答者が「これを友達におすすめしたい」と言っています
・毎日たった10秒

ざっと見ただけでも数字のオンパレードです。

性別を問わず、数字は心を動かすツールとして広く認識されているのです。

この数字の力は、仕事の文章で大いに活用できます。企画書やプレゼン資料など、さまざまな場面で応用できるのです。

POINT

心を動かす数字の見つけ方

営業資料、プレスリリース、プレゼン資料など、**数字で相手の心を動かしたい**。そう思うなら、まずは数字を洗い出すことから始めましょう。

企画や商品を見直し、数値化できることを洗い出してください。パワーのある数字が埋もれているかもしれません。

「人材紹介サービス」の採用企業向け営業資料を例に、実際に数字を探してみます。なお、この数字はすべて私が創作したものです。事実ではありません。

次のように、自社サービスに関する数字をできる限り洗い出します。

・600万人の転職希望者が登録
・アンケートで採用企業様の91%が「満足」と回答
・8分に1人のペースで採用が決定

・20代転職希望者の認知度ナンバー1
・35歳以下の会員が65％を占める

こうして洗い出した数字を、営業資料、プレゼン資料、プレスリリースなどに使えば、より説得力のある、魅力的な文章がつくれます。

試しに、先ほど挙げた数字をもとに、営業用資料の説明文を書いてみます。

弊社サービスは600万人もの会員を抱え、20代転職希望者の認知度で業界ナンバー1を獲得しています。35歳以下の若手会員が65％を占め、「8分に1人」のペースで採用が決まる人気サービスです。9割以上の採用企業様から高い評価を得ています。ぜひ、ご検討をお願いします。

この文章から数字をなくすと、魅力がまったくなくなることがわかるでしょう。

弊社サービスは、業界屈指の会員数を誇り、若手転職希望者からも高い認知を得ています。若年層の会員が多く、多数の採用を実現している人気サービスです。

多くの採用企業様から高い評価を得ています。ぜひ、ご検討をお願いします。


このように、数字は心を動かす文章の最高のエッセンスとなるのです。

◎「約100%」より「98%」が心に響く

数字を洗い出す際に気をつけたいのは、具体的でリアルな数字を使うことです。

「あいまいな数字」では、人の心は動かせません。

たとえば、1位ではない企業が「業界ナンバー1クラス」などとあいまいな表現をしても、相手に深く刺さりません。


エイビスはレンタカー業界で2位です。なのに、なぜ利用するのでしょう？

(Avis is only No.2 rent a car. So why with us?)

これは、アメリカのレンタカー会社「エイビス」が実施した広告キャンペーンのフレーズです。コピーライターなら誰でも知っているクラシックな名作コピーです。このキャッチコピーに「2位だからこそ一生懸命がんばります」（We try harder.）というボディコピーが続きます。

ナンバー2を堂々と宣言したエイビス社は、大きく業績を伸ばしました。2位であることに光をあて、それを独自目線で強みに変えたことが成功の大きな力となったのです。

日本でも、通信業界2位だったＫＤＤＩが、「2位が世界を面白くする。」というコピーで2位戦略を打ち出したことがあります。

業界2位なら、堂々と2位を主張し、それを強みに変えればいいのです。そのほうがより相手の心に伝わります。

人は、「約１００％」より「98％」を信用するものです。リアルな数字のほうが、より相手の心に響くと心得ましょう。

◎数字の魅力を倍増させる裏ワザ

さらに、数字の魅力をパワーアップさせたいなら、数字を比較して見せることも覚えておきましょう。

たとえば、先ほどの例にあった「600万人の転職希望者が登録」という数字。これだけ見せられたのでは、どれほど多いのかピンときません。

＝

転職希望者900万人のうち、600万人が登録。

＝

このように、比較できる数字を出すことで、登録者数の多さを強調できます。

「35歳以下の会員が65％を占める」も次のように比較すると、すごい数字なんだといっそう実感できるでしょう。

＝

35歳以下の会員が占める割合は、業界平均42％に対して65％です。

＝

いかがでしょう。
そのすごさが、いっそう伝わると思います。
このように、数字は比較して見せることでより大きな力を発揮します。
ぜひ活用してください。

課題7

身近にある、
数字入りコピーを探そう

身近な商品・サービスで使われている数字入りのコピーは、心を動かす数字探しの参考になります。まわりを見渡し、探して書き出してみましょう。

解答例

・2人に1人が愛用
・全国40エリアで展開
・マッチング率92%
・糖質20%オフ
・レモン70個分のビタミンC
・カロリー50%オフ
・3秒に1個売れている

「数字入りフレーズ」で深く印象に残す

◎数字なら、頭に残る

数字は、人の心を動かすだけではありません。**覚えやすく、強く記憶に残ります**。

広告のコピー、格言、標語などには、数字を使ったフレーズが数多くあります。これも、わかりやすく説得力があるという理由とともに、記憶に残るからです。

大正製薬の「ファイト一発」や、森永製菓の「10秒チャージ」など、数字を使ったコピーはその代表的な例でしょう。

日本各地で見かける交通標語「注意一秒、怪我一生」。これを「少しの注意で大きなケガが防げます」としたらどうでしょう。まったく頭に残りません。

この数字の「記憶に残る」効果は、さまざまな文章で生かせます。

・プレゼン資料や企画書の見出し
・プレスリリースや営業資料に書く商品のポイント
・履歴書の自己ＰＲ文

このように、相手の印象に残したい場面で数字を使うと効果的です。
具体的にどのように活用するか、そのポイントを紹介していきましょう。

POINT

ポイントを絞るなら「3」

「マジカルナンバー7±2」という法則をご存知でしょうか？
１９５６年にハーバード大学の心理学者ジョージ・ミラーが発表したものです。人が短期的に覚えられるのは7のプラスマイナス2の範囲（つまり5〜9個）だというのです。

さらに、2001年にはミズーリ大学の心理学者ネルソン・コーワンが、「マジカルナンバー4±1」を発表し、人が短期で覚えられるのは3〜5個の範囲だと主張しました。

なるほどと思える説です。人は、そんなに多くのことを一気に覚えられないのです。

実際に何かをまとめて提示する場合、基準となる数字は「3」の場合が多いことに気づきます。

スポーツをはじめ、どんなときでも順位は「トップ3」が基準です。

また、「3大○○」や「御三家」といって、何かの分野で代表するものを紹介するときも「3」が基本になります。

これは、日本だけではありません。「3大美女」「3大発明」など、世界的にも「3」が使われています。そのせいか国旗の多くも3色です。「3」は、世界共通のマジカルナンバーなのです。

「10大特長」と言われても、そんなにたくさんは1度で覚えられません。

ルールや法則も、3つを超えると面倒くさく感じてやる気がおきないでしょう。

雑誌やネット記事を見ても、「できる人の3つのメソッド」「この夏行きたい3大絶景ポイント」のように、「3」でまとめた見出しが多いのがわかります。

この**記憶に残る「3」**という数字を、仕事でも使いこなしましょう。

プレゼンや営業資料、履歴書の自己PR文などではポイントを3つに絞り、「3つのルール」「3大法則」「3つの強み」などと発信すると、相手の印象に残りやすくなります。

・本企画の3大ポイント
・リニューアルする3つのメリット
・新商品が売れる3つの理由
・私が貴社に貢献できる3つの理由

ポイントを3つにするだけで結果が変わるのであれば、やらない手はありません。

POINT

「強み」を数字に置き換える

企画書の冒頭のフレーズ、プレゼンでのキメのひと言など、そんな絶対に覚えてほしいフレーズにも数字を活用しましょう。

Apple社の創業者スティーブ・ジョブズは、新商品を見事なひと言で発表してきたことで有名です。

「ポケットに1000曲」（iPod）
「世界で1番薄い」（MacBook Air）
「速度は2倍、価格は半分」（iPhone3G）

どれも、1度聞いたら忘れられないフレーズです。そして、共通しているのは、商品の一番の強みを数字に置き換えていることです。

短くて、記憶に残るフレーズをつくりたいときは、このように**「強み」を数字に置き換えられないか**を考えてください。「強み」を数字で表すだけで印象的なフレーズがつくれます。

たとえば、「速い」という強みなら次のように数字で表現できます。

「素速く完成する新食品」
⇩
「1、2、3で完成する新食品」

「あっという間に仕上がる」
⇩
「1秒で仕上がる」

「簡単」という強みであれば、このように変換できるでしょう。

「すべての操作がとても簡単！」
⇩
「1クリックで完結！」

「驚くほど簡単！
⇩たった3ステップ！」

履歴書などに書く自分の強みも、数字に置き換えられないか考えてみましょう。

「豊富な実務経験
⇩在籍3年で100件以上の案件を担当」

「圧倒的な行動力
⇩1日平均50件の新規テレアポを実施」

そのほかにも、多くの強みは数字で表現できます。○回、○秒、○日、○倍、○%、○グラム……など、数字に置き換えられないか考えてみてください。それだけで記憶に残る言葉が簡単につくれます。

「耐久性が格段にアップ
⇩
10万回の耐久テストに合格」

「マンツーマンで徹底指導
⇩
1対1でみっちり90分指導」

「ていねいにカウンセリングします
⇩
1日1組限定のカウンセリング」

課題8

あなたの強みを数字に置き換えよう

あなたの強みを数字で表現してみましょう。

解答例

リーダーシップがある
→10人の部下を率いて、社内ナンバー1の売上を達成

「数字入りコミュニケーション」で早く正確に伝える

◎「あいまい」は罪

上司に感じるストレス第1位は指示があいまいなこと。

そんなネットニュースを、以前見かけました。

指示が抽象的で、はっきりしない。そのうえ、伝えた通りにできていないと文句を言われる。そんな上司がいたら、ストレスが溜《た》まって当然です。

仕事柄、私がいちばん戸惑うのが締め切りの指示です。

「コピーの修正、なるべく早くお願いします」

そう言われて必死で書き、翌日送ったら「えっ、もうできたんですか！」と言われたときの脱力感。反対に、「ゆっくりでいいですよ」と言われて、2、3日のんびりしていたら「明日締め切りなんですが、まだですか?」と催促されたときの焦燥感。

同じような経験をした人もいるのではないでしょうか。

こうした具体性に欠けるあいまいな指示は、人を混乱させます。

あなたも、気づかぬうちに誰かにあいまいな指示を送っていないでしょうか?

「少し広めの会議室を予約してください」

たとえば、メールでこう伝えたら、読んだ人は「少し広め」をどう捉えるでしょう。10席の部屋か50席の部屋か、受け止め方は人それぞれです。

当日になって、「思ったより狭すぎて入れない!」となっても文句は言えません。「最低20人は座れる会議室で」と、きちんと数字を出して伝えれば、思った通りの結果が得られたはずです。

小説の場合は、表現のあいまいさが奥深さにつながることもあります。しかし、ビジネスでは、明快さが何よりも大切です。抽象的な表現を排除し、具体的に伝えて相手にわかってもらわなければいけません。

そのために必要なことは、もうおわかりですね。

そう、数字です。

私たちは、ついあいまいな表現を使ってしまいます。

広告制作の打ち合わせでも、「もっと若い人たちをターゲットに」「あえてレトロみたいなイメージで」「ここは文字をもう少し大きく」など、あいまいな言葉が飛び交うことが少なくありません。

しかし、明確なターゲット像やイメージを共有するためには、「年代は20代前半」「化粧品にかけるお金は月5000円」「80年代の広告のイメージ」「文字の級数を2つ上げて」など、数字の具体性が必要です。

それは、どんな仕事でも同じこと。あらゆることをわかりやすく伝え合い、共有するためには、〝抽象〟を〝具体〟で表すことが大切です。

数字を使えば、誤解を招くリスクを最小限に抑えて、短く具体的に伝えられます。数字は、**仕事における最強で最短の共通言語なのです。**

POINT

テキトーワードを数字に変換する

指示や報告は具体的にする。「そんなの当たり前じゃないか」という人もいるでしょう。しかし、判断に迷う大雑把な文章は意外に多いものです。あなたの身の回りにもこうした文章があふれていませんか？

「なるべく早く送ってください」
「できるだけ早く開始してください」
「もっと細かく報告してください」

あいまいで相手に誤解を与えやすい言葉を、私はテキトーワードと呼んでいます。次のような言葉です。

なるべく／できるだけ／もう少し／ちょっと／もっと／かなり／たぶん／しばらく／すぐに／ときどき／たまに／そこそこ／まあまあ／相当／非常に／ずいぶん／とても／すごく／とにかく／だいたい／ざっくり

ここにあげた以外にも、まだまだあるでしょう。

あなたも、ついこんな言葉を使っているのではないでしょうか。

イメージの振れ幅が大きいテキトーワードを使った指示や報告は、読み手を困惑させ、トラブルの原因になります。

テキトーワードは、可能な限り数字に置き換える。

それがもっとも誤解を生まない方法です。

次の例のように、回数、パーセンテージ、人数、金額、大きさ、重さ、広さなど、具体的な数字に置き換えられないか考えてみましょう。


プロジェクトの進捗状況を、できるだけ細かく報告してください。

⇩プロジェクトの進捗状況を、週2回は報告してください。

「売上が落ちている〇〇を、もっと販売強化してください。
⇩売上が落ちている〇〇を、目標2倍で販売強化してください。」

「オフィス街の店舗は、平日と比べて土日の売上がかなり落ちています。
⇩オフィス街の店舗は、平日と比べて土日の売上が26％も落ちています。」

「資格取得者の人数を、今よりもっと増やしましょう。
⇩資格取得者の人数を、今より10人増やしましょう。」

このように「週2回」「2倍」「26％」「10人」など、リアルな数字で伝えるべきです。数字にすることで、具体的な頻度や、事態の深刻度、目標達成に対する本気度などが伝わり、読み手が動きやすくなります。

反対にいえば、具体的な数字がなければ人は動きません。数字を使った、誤解を生まないコミュニケーション。これが、仕事を早く正確に動かす力になるのです。

課題9

テキトー文を、数字で具体的にしよう

次のテキトーな一文を、数字に置き換えて具体的にしましょう。

例文①

確認し、なるべく早くご連絡します。

解答例

確認し、10月1日までにご連絡します。

例文②

納品に、少しだけお時間をいただきます。

解答例

納品に、2〜3日お時間をいただきます。

例文③

こちらの商品、かなり売れています。

解答例

こちらの商品、1カ月で6000本も売れています。

もっと伝わる！数字の「見せ方」3つのコツ

◎数字は「見せ方」で印象が変わる

ここまで、数字を使うメリットとその活用法をお伝えしてきました。

最後にもう一歩進んで、数字の〝見せ方〟について紹介しましょう。

数字の見せ方にはポイントがあります。それを知っていると知らないとでは人違いです。

同じ数字でも、ほんの少しの表現の違いで印象が大きく変わるのです。

数字は客観的事実であり、主観が入る余地がないと思いがちですが、そうではありません。提示の仕方によって、相手の受け取り方は大きく変わります。見せ方を工夫することで3倍も4倍も正確に、かつ魅力的に伝えられるのです。

ポイントを押さえた数字の見せ方で、自分の意図をさらに思い通りに伝えましょう。

POINT

身近な数字で実感させる

代表的な数字の見せ方として**「身近な数字に例える」**があります。広さを伝えるときに「東京ドーム○個分」と例えるのがそれです。

この手法には、**伝えたい内容を相手により実感させる効果**があります。

次の例を見てください。

＝

ビタミンC　レモン3個分

＝

ビタミンCが豊富だと伝える、食品でよく見かける文言です。レモンという親しみのあるフルーツで表すことで、ビタミンCが豊富だという事実をより実感できます。

ほかの例も見てみましょう。

たとえばニュースで次の一文を見たとします。

＝アマゾンのジェフ・ベゾスの資産は20兆円超です。＝

大変な金額です。しかし、その額が現実とかけ離れすぎていて、いまいちピンときません。

それを次のようにするとどうでしょう？

＝アマゾンのジェフ・ベゾスの資産は20兆円です。これを稼ぐには、年収400万円だと500万年かかります。＝

数字の印象がパッと変わり、すごい金額だという事実をより実感できるのではないでしょうか？

この数字の見せ方を活かしているのが、長年変わらずに続いている「イナバ物置」のコピーです。

やっぱりイナバ　100人乗っても大丈夫！

これを、成人男性の体重を一人60kg×100人と換算して「6トンの重さに耐えられます」としたらどうでしょう？

たしかに耐久性はありそうですが、6トンがどれほどの重さかわからず、いまいちピンとこないでしょう。

それが「100人乗っても大丈夫」と例えたことで、一気に「耐久性がありそう」と実感できるようになったのです。

この「例え」の効果は、仕事でも使えます。たとえば、営業資料や企画書などで数字を提示するときに大きな力を発揮します。

次の例を見てください。

【例1】システム販売の営業資料

このシステムを採用すると、年間で500万円も経費削減できます。

⇩このシステムを採用すると、年間で中堅社員1人分の人件費を削減できます。

【例2】商品リニューアルの企画書（社内向け）

今回のリニューアルでは、制作コストを20％削減。利益率の大幅な向上が見込まれます。

⇩今回のリニューアルでは、制作コストを20％削減。これは商品1つあたりの配送費に相当します。利益率の大幅な向上が見込まれます。

数字を例える場合は、相手にとって身近であり、もっとも心に響く事例を選ぶことが大切です。

たとえば【例1】の場合、業種によっては「テナント料」や「交通費」に例えたほうが実感できる場合もあります。誰に伝えるための文章なのかをじっくり考えて、例えるようにしましょう。

課題10

身近な数字に例えてみよう

次の文章の下線部分を、身近な数字に例えてみましょう。

例文①

予測変換を使うと、1日30分の時間が短縮できます。

解答例

予測変換を使うと、1日にメールの返信20通分もの時間が短縮できます。

例文②

この健康器具を1日10分使うと、1週間で2100キロカロリーを消費できます。

解答例

この健康器具を1日10分使うと、1週間でフルマラソン1回分のカロリーを消費できます。

POINT

数字＋「ひと言」で思い通りに伝える

どんなに正確なデータから導き出された客観的な数字であっても、人は自分の思ったように解釈する生き物です。同じ数字でも、読み手によって印象は変わります。

たとえば、次の例文を読んでください。

＝

新しいサービスに興味を持った人は30％です。

＝

これを読んで、あなたはどう思うでしょうか？

「30％か、少ないな」と思う人もいれば「意外に多いじゃないか」と考える人もいるでしょう。

30％という数字だけでは、それが多いのか少ないのかはわかりません。読み手によってさまざまな解釈が生まれます。**正しい数字が、正しい結果を生むとは限らないのです。**

「＋ひと言」で意図を明確にし、あなたの思い通りに伝えましょう。

たとえば、「少ない」と伝えたいなら、数字の前に**「たった」**をプラスします。

新しいサービスに興味を持った人は、たった30％です。

多いと伝えたいなら、数字の後ろに**「にも」**をつけるといいでしょう。

新しいサービスに興味を持った人は、30％にもなりました。

また、次のように語順を変えて、数字の後ろに**「もの」**をつけてもいいでしょう。

新しいサービスに、30％もの人が興味を持ちました。

このようにひと言を付け足すだけで、同じ数字が正反対の意味を持ちます。多いのか、少ないのか、その立ち位置が一瞬で変わるのです。

ほかにも次のような言葉が、数字の印象をより明確にします。あなたの意図にあった解釈を提示できるよう、上手に「＋ひと言」してください。

【不本意な数字だと見せたいなら】
わずか〜／ほんの〜／たった〜／残念ながら〜／がっかりの〜／〜しか／〜だけ

【希望通り、それ以上の数字だと見せたいなら】
〜にも／〜もの／なんと〜／想定を超えた〜／うれしいことに〜／〜にのぼり／〜に到達／これ以上ない〜／驚きの〜

POINT

数字の切り口、単位を変える

数字は、どう切り取って見せるかがとても大切です。

ネガティブに見えるか、ポジティブに見えるか、その印象は視点を変えるだけで大きく変わります。

こちらを比べてください。

Ⓐ 失敗する確率50％

Ⓑ 成功する確率50％

Ⓐ 売上ダウンしたお客様は10％だけ

Ⓑ 90％のお客様が売上アップ

それぞれ、AもBも根本的には同じことを言っています。切り取り方が違うだけです。

しかし、Aの言葉で提案されたら断りたくなり、Bで提示されたら「やってみるか」と、チャレンジする気持ちが高まりませんか？

次の例も、伝えている内容はまったく同じですが、表現を変えています。

A 90％が満足と答えました
B 1万人中9000人が満足と答えました

どちらかといえば、Aのほうが素早く理解できるでしょう。

一方のBは、「1万人もの人にアンケートを実施」「9000人も満足」の2つの数字に驚きがあります。

AとBどちらにインパクトがあり、ニュース性があるかと考えたら、この例ではBに軍配が上がるかもしれません。

また、数字の**単位を変える**のも、切り口を変える1つのテクニックです。

数字は、単位を変えるだけで印象がガラリと変わります。次の例文を比べてください。

Ⓐ 1時間半で検査結果がわかります

Ⓑ 90分で検査結果がわかります

同じ数値ですが、パッと見て速さを感じるのはBではないでしょうか。また、単位が「分」のほうが、より手軽な印象も受けます。

こちらも比べてください。

Ⓐ 1日200円お得

Ⓑ 1か月6000円お得

同じ金額ですが、金額の多いBに惹かれる方も多いと思います。

大正製薬のリポビタンDは、「1本にタウリン1000㎎」と広告しています。これを

「1本にタウリン1g」としたらどうでしょう。同じ量なのに、一気に少なく感じてしまいます。単位には侮《あなど》れない力があるのです。

このように数字は、視点を変えると、まったく違う印象になります。どの見せ方が、もっとも魅力的なのか。さまざまな方向からスポットライトをあて、より良い見せ方を模索してください。人は、パッと直感的に判断します。自分の意図が、正確に、強く伝わるよう、数字を切り取って見せましょう。

課題 11

数字の印象を変えてみよう

次の数字の単位や切り口を変えて、数字の印象を変えてみましょう。

例文①

1年間、ずっとサポート

解答例

365日、ずっとサポート

例文②

日本人の約50%が使用

解答例

日本人約6000万人が使用

例文③

1週間の無料トライアル

解答例

168時間の無料トライアル

COLUMN

大先生の文章術から学ぶ②

三島由紀夫先生『文章読本』

三島先生の文章読本は、ちょっと上から目線です。

「第1章　この文章読本の目的」では、このように書かれています。

ただ昨今の「文章読本」の目的が、素人文学隆盛におもねって、だれでも書ける文章読本というような傾向に陥る傾きのあるのを、少々苦々しく思うためにほかなりません。

お手軽な文章読本ではないと、初めに宣言しています。

この本の最後には、質疑応答があります。

「人を陶酔させる文章とはどんなものか」「エロティシズムの描写はどこまで許されるか」などの問いを立て、それに答える形で三島先生が自身の文学観を語る、とても興味深いものです。

ここに、「小説の主人公の征服する女の数について」という問いがあり、数字と小説について三島先生の考えが書かれています。


小説家は事実のなかから一つの物語りを刻み出すので、本来こうした数の領域と敵対者の立場にあるはずであります。しかし折々小説家は自分の小説のなかの事件や人物に事実性を与えるために、数を援用します。織田作之助氏が、小説のなかでは、金銭の額にしろ、女の数にしろ、建物の高さにしろ、買物の値段にしろ、すべて事実的な数字を用いるように勧めているのは、小説家のリアリズムの要求の現れであります。

〈中公文庫版〉


数字との親和性が低いように感じる小説も、数字のリアリティによって独自の効果が生まれる場合がある、といった趣旨の内容が書かれています。

ここで例にあげられている織田作之助の代表作『夫婦善哉《めおとぜんざい》』から、その効果がよくわかる文章を抜粋してみましょう。大阪曽根崎新地の若い芸者の蝶子《ちょうこ》と、妻子ある大店の跡取り息子の柳吉《りゅうきち》が駆け落ち。その顚末《てんまつ》を描いた、1940年に書かれた小説です。

まえまえから、蝶子はチラシを綴《と》じて家計簿を作り、ほうれん草三銭、風呂銭三銭、ちり紙四銭、などと毎日の入費を書き込んで世帯を切り詰め、（中略）さん年経つと、やっと二百円たまった。（中略）ある日、その内五十円の金を飛田の廓《くるわ》で瞬く間に使ってしまった。

〈新潮文庫版〉

読み進めるほどに戦前の大阪の暮らしが身近に感じられ、物語に入り込んでしまいます。ものの値段や貯金額など、細かい数字で暮らしぶりを伝える小説を、私はあまり知りません。ほとんどの文筆家は言葉でそれを伝えるでしょう。

でも、蝶子のかわいさ、いじらしさは、数字なくしては感じられない。そう思います。三島先生も、そう感じたのではないでしょうか。

第 3 章

強く

「字面」で、文を強く、好印象に

文の印象は「字面」で決まる

◎ 文は「見た目」が大切

第1章では文を徹底的に短くする方法を、第2章では数字を使ってわかりやすく、説得力をもたせる方法を述べてきました。

長くてわかりづらかった文章が、これで一気に変わるはずです。

ここからは、**文の印象を強く、好印象にするスキル**をお伝えします。

シンプルな短い文は読みやすいのですが、引っ掛かりがなくサラッと流されてしまうことがあります。

また、短くピシピシと言い切る文が続くと、相手に冷たい印象を与えかねません。せっかくわかりやすい文章を書いても、相手の記憶に残らず、与える印象が悪ければ結果はついてこないでしょう。文を強く、好印象にするスキルは、短くするスキルと同じくらい大切なのです。

◎文の印象を決める「字面」とは？

私は若い頃、広告制作プロダクションで働いていました。優秀なデザイナーとコピーライターに囲まれて、いつも注意されてばかりでしたが、そのときの言葉で今の私ができています。

なかでも、ずっと記憶に残っているのは、デザイナーから言われた**「字面」を意識しなさい**という言葉です。

字面とは「文の見た目」のこと。デザイナーは、文字もデザインの一部として捉えるため、「字面」に厳しかったのです。

とくに、文字のかたまりである、ボディコピーの見た目を厳しくチェックされました。ボディコピーとは、広告する商品やサービスを詳しく説明するための文章です。たいていは、デザイナーから30字×5行のように文字数を指定されます。

デザイナーが気に入らないと、「漢字が多くて黒っぽいから、ちょっとひらいて」などと言われます。「ひらく」とは漢字をひらがなにすることです。「この行は漢字が多い。この行はひらがなが多い」と1行1行細かく指示する人もいました。

その当時は、「デザイン優先でコピーを直すなんておかしい！」と思い、心の中で舌打ちしていたものです。

しかし、今思うとそれはとんでもないことでした。何十年も書く仕事を続けてきて、**「字面」によって文の印象は大きく変わる**ことを強く実感したからです。

次の文章を見てください。これは私が書いた「ネピア」のおむつの広告文の一部です。漢字で書くことが多い言葉も、あえてひらがなにしています。

あなたとの暮らしがはじまる。
おむつを替えて、ミルクをあげて、だっこする。
見たことがないような小さな小さな爪を切る。
おそるおそるお風呂に入れる。
たくさんのはじめての出来事が

あたり前のことになって、
あなたは、かけがえのない家族になる。

このコピーは、初めての赤ちゃんを迎えた家族のとまどいや、発見、喜びを表現したものです。小さな子どもとの暮らしがイメージできるよう、ひらがなを多くし、やさしい表情の文面にしました。

では、ひらがなで表記している言葉を、漢字にしたらどうなるでしょう。

あなたとの暮らしが始まる。
おむつを替えて、ミルクをあげて、抱っこする。
見た事が無いような小さな小さな爪を切る。
恐る恐るお風呂に入れる。
たくさんの初めての出来事が
当たり前の事になって、
あなたは、かけがえの無い家族になる。

最初のコピーとは、まったく印象が違います。

ひらがなの多いコピーのほうが、親密であたたかい思いが伝わってきませんか？

ひらがなと漢字を書き分ける。ただそれだけのことで、読み手に与える印象は大きく変わるのです。

◎「読む」ことは「見る」こと

文の見た目が大切なのは、広告のコピーやタイトルだけではありません。

どんな文でも、「字面」はとても大切です。

当たり前すぎて忘れがちですが、**文は目で読んでいる**からです。

みなさんも、「あっ、送ったメール見てくれた？」などと言いませんか？

「読む」こととは、実は「見る」ことなのです。

キャッチコピーやタイトル、見出しのような短い文はもちろん、メールや長文でさえ字面によって印象が大きく変わってきます。

とくに日本語は、漢字、ひらがな、カタカナと表記が多彩。より「見た目」が大切になります。漢字をひらがなにするだけで、ひらがなをカタカナにするだけで、文から受ける印象はガラリと変わるのです。

たとえば、「綺麗な人」という表現でも、さまざまな見せ方ができます。

「綺麗」「きれい」「キレイ」

「人」「ひと」「ヒト」

それぞれの単語をパッと見ただけでも、受ける印象はまったく違います。

さらに、これを組み合わせると、3×3で9通りの演出ができます。

「綺麗なひと」「きれいなヒト」「キレイな人」など。ひと目で違いは歴然です。

このように、漢字、ひらがな、カタカナ、それぞれの特徴を知って使いこなせば、思い通りに文章の印象を操作できます。詳しくお伝えしていきましょう。

POINT

漢字で「重さ」を演出する

漢字には一文字一文字に意味があります。「極めた」とあれば、「極」という一文字から伝えたい意味が一瞬でイメージできます。

それが「きわめた」と書かれていたら、伝わる速度はずいぶん遅くなるでしょう。このスピード感は、ひらがなやカタカナにはないものです。

また、**漢字を使うと、知的で品格のある表現がつくれます。**

たとえば、こちらを比べてみてください。

Ⓐ ダイヤモンドのきらめき

Ⓑ ダイヤモンドの煌めき

Ⓐ ぜいたくな味わい
Ⓑ 贅沢な味わい

どちらが高級感を感じられるかは、一目瞭然です。「贅」も「煌」も、一目で豪華さを感じさせます。

私も、高額なプレステージブランドのコピーは、あえて漢字を多用した堅い文面で、スタンダードなラインと差別化しています。憧れ感を醸成《じょうせい》するために、ワンランク上の凛《りん》とした表情を持たせるのです。「秀逸」「優雅」「卓越」「羨望」など、普段はほとんど口にしないような言葉を選びます。

実際、多くの高級ブランドのコピーも、漢字の力で高級感を演出しています。

「より鋭く、より優雅に」（トヨタ レクサス）
「Cを極めたC」（メルセデスベンツ）
「歴史をも凌駕する新世代ムーブメント」（グランドセイコー）

また、漢字は〝**重厚感**〟も生み出します。

歴史あるブランド、老舗の商品やサービスを紹介するときは、「おいしい」を『美味しい』に、「ていねい」を「丁寧」にする。それだけで、重厚でクラシカルな雰囲気を醸し出せます。

Ⓐ ていねいなもてなしが心を癒す
Ⓑ 丁寧なもてなしが心を癒す

メールやチャットにも漢字は有効です。漢字や熟語を使うことで、冷静で毅然《きぜん》とした文面になります。最近はメールの文面もラフになってきました。だからこそ、大切なお客様や上司など、相手に応じてメールの印象を変えることが大切です。

簡単にできるメールのポイントとしては、必ず使う〝締めの言葉〟を変換することです。

Ⓐ よろしくお願いいたします
Ⓑ 宜しくお願いいたします

あまり堅すぎる印象にしたくないときは「よろしく」とし、真面目な雰囲気を出したいときは「宜しく」で締める。

たったこれだけでも、メールの印象はガラリと変わります。

また、冒頭の宛名を「○○様」とするか「○○さま」とするか。「お疲れ様です」か「お疲れさまです」とするかなど、普段必ず使う言葉を少し変えるだけでも印象が変わります。ぜひ意識してみましょう。

なお、いくら真面目な文章だからといって、漢字を使いすぎるのはよくありません。文全体が黒々とし、読み手に「難しそう」「読みたくない」という印象を与えてしまいます。読みやすさを失わないレベルで、効果的に使いましょう。

【漢字の見た目印象】
ポジティブ：高級感、ハイクラス、重厚感、真面目
ネガティブ：堅い、冷たい

POINT

「形容詞」をひらがなにする

企業のコーポレートスローガンには、ひらがなを印象的に使ったものが数多くあります。

「やがて、いのちに変わるもの」（ミツカン）
「あしたのもと」（味の素）
「おもしろくて、ためになる」（講談社）
「あしたを、ちがう『まいにち』に」（TOTO）
「わたしらしくをあたらしく」（LUMINE）

親しみやすさ、やさしさ、共感性の高さなどに加えて、読み手に意味を広く捉えてほしいとの思いから、ひらがなが選ばれているのでしょう。
もちろん、仕事でひらがなだけの文章はまずありません。しかし、要所要所でひらがなをうまく使うと、文に新たな表情が生まれます。

漢字や熟語があまりに多いと、書類や説明書のような堅苦しい印象になり、読んでいて疲れます。反対に、バランス良くひらがなが使われている文章はスラスラと読みこなせます。

また、ひらがなで書かれた言葉は、やさしく、親しみやすい印象になり、言葉の共感性が高くなります。

使い方によって、ひらがなは大きな武器となるのです。

では、どこをひらがなにするか。

誰でも簡単にできるのは、**「形容詞をひらがなに変換する」**です。

形容詞をひらがなにするだけで、一気に文章の印象がやわらぎます。

形容詞を辞書で調べると、次のように記載されています。

品詞の一つ。事物の性質・状態・心情等を表す語。名詞を修飾する機能(限定用法)と述語の中心となる機能(叙述用法)とがある。(『広辞苑』)

面白い、美しい、可愛い、優しい、新しい、古い、長い、短い、大きい、小さい……など、「〜い」で終わる単語が多いのが特徴です。

これらの形容詞をひらがなに変換するだけで、文の見た目印象をパッと変えることができます。

次の文章を見比べてください。

A 新しい化粧水は、肌を優しい潤いで満たします。

B あたらしい化粧水は、肌をやさしい潤いで満たします。

Aは漢字が多く、文全体が黒々として堅い印象です。それをBのように「新しい」「優しい」をひらがなにするとどうでしょう。全体として読みやすく、またやわらくやさしい印象になります。

このように文章が堅すぎると感じたら、形容詞をひらがなに変えてみる。それだけで、文に新しい表情が生まれます。

もちろん、すべての形容詞をひらがなにする必要はありません。ひらがながあまりに多いと文字数が増えますし、文が幼稚な印象になります。全体のバランスを見て書き分けることが大切です。

【ひらがなの見た目印象】

ポジティブ：やさしい、親近感、簡単さ、手軽さ、共感性

ネガティブ：幼稚

POINT

「カタカナ変換リスト」で文章に軽さを出す

一見すると、使いどころのなさそうなカタカナですが、上手に使えば文に軽快さや明るさをもたらします。

「カラダにピース」（カルピス）
「ゴキゲン♪ワーゲン」（フォルクスワーゲン）

これらの広告コピーも、軽快なカタカナの字面効果を使っています。ほかにも、若者向けの雑誌や商品など、カタカナを上手に使ったコピーは多数あります。

このカタカナの軽快さを、仕事の文章にも生かしましょう。

もっとも簡単なのは**日本語を外来語に置き換える**ことです。

次の例を見てください。

「場面に応じたデータ活用で、レスポンスが上がります。
⇩シーンに応じたデータ活用で、レスポンスがアップします。」

「新たな解決策をご提案します。
⇩新たなソリューションをご提案します。」

いかがでしょう。**日本語を外来語に変えるだけで、文章に若々しさやトレンド感が生まれます**。提案する相手やターゲット、商品などによっては、このようなエッセンスを加えるのも1つの手です。

ただし、外来語を使いすぎると、相手に軽い印象を与えかねません。自分たちの業界では当たり前の言葉でも、他の業界では通じないカタカナ言葉もあります。使いすぎには注意してください。

外来語ではなく、次のリストにある漢字、ひらがなをカタカナに変換するだけでも文全体が軽快になります。

【軽快さが生まれるカタカナ変換リスト】

簡単→カンタン／これ→コレ／楽→ラク　／おすすめ→オススメ／基本→キホン／
誰でも→ダレでも／物→モノ／すき間時間→スキマ時間／すっきり→スッキリ／
きちんと→キチンと／しっかり→シッカリ／ばっちり→バッチリ／疑問→ギモン／
新→シン／無駄→ムダ／駄目→ダメ／おしゃれ→オシャレ／可愛い→カワイイ／
大人→オトナ／はまる→ハマる／体→カラダ／日本→ニッポン／綺麗→キレイ

実際に使ってみると、次のように文の印象が変化します。

「誰でもできる、簡単操作。
⇩誰でもできる、カンタン操作。」

「すっきり解決します。
⇩スッキリ解決します。」

一気に文章に軽さが出ることがわかると思います。

その他にも、キラキラ、フワフワ、アツアツなど、すべてのオノマトペもカタカナにすると軽さが出ます。

なお、あまりにカタカナが多いと読みにくいうえ、文面から軽すぎる印象を与えてしまいます。使いすぎには注意してください。

適度に使って、ほどよい〝軽さ〟を文章に与えましょう。

【カタカナの見た目印象】

ポジティブ：軽快感、お得感、手軽さ、若さ、最新、トレンド感、キャッチー

ネガティブ：軽すぎる

課題 12

漢字、ひらがな、カタカナを使い分けて、文章の印象を変えよう

次の文章の言葉を自由に変換し、「やわらかく」と「軽く」、2つの印象に変えてみましょう。

例文

価格だけで選ばず、少しでも環境負荷の軽い商品を好む。そんな「緑の消費者」が生む新市場が企業の商品・マーケティング戦略に変化をもたらしている。

（『日本経済新聞』2021年7月22日）

解答例

【やわらかく】
価格だけで選ばず、少しでも環境にやさしい商品を好む。そんな「緑の消費者」が生むあたらしい市場が、企業の商品・マーケティング戦略を変えている。

【軽く】
コストだけで決めず、サステナブルな商品を選ぶ。そんな「緑の消費者」が生む新市場が、企業の商品やマーケティングストラテジーに変化をもたらしている。

POINT

読みやすい文章になる「ひらがなにしたい言葉」リスト

漢字、ひらがな、カタカナは、文章の「読みやすさ」にも大きくかかわってきます。あくまでも目安ですが、文章全体の7～8割がひらがなで書かれていると読みやすいと言われています。

この点、仕事の文章では、どうしても漢字が多くなりがちです。適度に漢字をひらがなにすれば、読みやすい文章にできます。

そのために参考になるのが、一般向けに書かれたビジネス書や自己啓発書です。これらは、知的さを保ちつつ、適度に読みやすい文章にするために「ひらがな」「漢字」のバランスが調整されています。書籍の編集者たちは、何をひらがなにするか、漢字にするかを徹底的に考え、「表記統一リスト」をつくるそうです。

ここでは、多くのビジネス書を参考に、**「ひらがな」にすると読みやすくなる言葉**をリストアップしました。ぜひ参考にしてください。

た

沢山	たくさん
達	たち
例えば	たとえば
作る	つくる
出来る	できる
～の通り	～のとおり
～の時	～のとき
特に	とくに
～の所	～のところ

な

～する中	～するなか
等	など

は

～の方	～のほう
他	ほか
程	ほど

ま

全く	まったく

や

故に	ゆえに

わ

分かる	わかる

文章が読みやすくなる「ひらがなにしたい言葉」リスト

あ

余り	あまり
頂き	いただき
一体	いったい
色々	いろいろ
～する上で	～するうえで
上手く	うまく
及び	および

か

関わる	かかわる
下さい	ください
事	こと

さ

様々	さまざま
更に	さらに
従って	したがって
～し過ぎ	～しすぎ
既に	すでに
全て	すべて
是非	ぜひ

簡単スキルで、パッと好印象

◎文の印象は、そのままあなたの印象です

人の印象は、見た目、声、話し方、仕草など、さまざまなことで左右されます。文章もまた、あなたの印象を決める大きな要素です。

メールだとお堅い印象だった人が、実際に会ってみたら気さくで驚いたというケースはよくあるでしょう。

仕事のやりとりなら、堅いくらいの印象でちょうどいいのかもしれません。しかし、ぶっきらぼう、冷たい、偉そうなど、悪い印象を持たれるのは、絶対に避けなければいけません。

ここまで説明したように、短く書くことは多くのメリットを生みます。しかし、1つだ

け懸念があります。言葉を省いたことで、冷たい印象を持たれることです。事務的に意図を伝えるだけでは、仕事はうまくいきません。短く、わかりやすく、さらに好印象を与える文を目指してください。

そのためにここでは、**すぐにできて、多くの場面で活用できる好印象スキル**を紹介します。

あなたの文章の印象をアップする簡単スキル、ぜひ役立ててください。

POINT

文頭「あ・い・う・え・お」で気持ちまで伝える

「あ、小林製薬」というコピーは、多くの人がご存知でしょう。

記憶に残るコピーは数多くありますが、「あ、小林製薬」はその中でも5本の指に入ると思います。

「小林製薬」は企業名なので、実質のコピーは「あ、」だけです。これほどシンプルで、耳に残るコピーはないでしょう。人の注意を引き、親しみやすい印象も与えています。

この「あ、」は、普段のコミュニケーションでも高い効果を発揮します。

最近では、仕事でSlackなどのチャットツールを使うことが増えてきました。仕事のチームでLINEグループをつくっている方もいるでしょう。

チャットのやりとりでいつも感じるのは、「短かすぎて、印象の良い文をつくるのが難しい」ということです。

「はい」「わかりました」「了解です」など、短い言葉だけでは、どうしても冷たい印象になります。自分にその意図がなくても、相手の気分を害してしまうこともあるでしょう。

そんなときに便利なのが、顔文字やスタンプです。しかし、仕事での使用には賛否両論があります。気心の知れているメンバーならまだしも、クライアントや目上の方が参加する場ではなかなか使えません。

そこで役立つのが、**「あ、」**なのです。

このまま送るとぶっきらぼうな印象になるかもしれない。

そう思ったら、文頭に**「あ・い・う・え・お」**をつけて、気持ちを上手に文章に乗せましょう。

たとえば、「あ、」だと次のように使います。

いいですね
⇩
あ、いいですね

あるとないとでは大違いです。パッと見て、AよりBのほうが気持ちを込めて「いいですね」と言っているように感じられます。「あ、」はちょうどいい相槌《あいづち》となり、気持ちをパッと伝える顔文字のような効果を生むのです。

実はあ行の言葉には、すべて同じような顔文字効果があります。

そうなのですね
⇩
えっ、そうなのですね

「えっ、」があることで、相手の話に興味を持っていることが伝わります。言葉の共感性が高くなるのです。

チャットのやりとりを想定すると、いっそう「あ・い・う・え・お」の顔文字効果がわかります。


「来週中に予算案を出してもらえますか？」

「来週中は難しいです」

⇩

「来週中に予算案を出してもらえますか？」

「うーん、来週中は難しいです」


「難しいです」だけではあまりにもそっけなく、少し傲慢《ごうまん》な印象を与えます。こんなとき、仲の良い人とのやりとりなら、きっと文末に困ったふうの顔文字をつけるでしょう。「うーん」と入れることで、その顔文字と同じ効果が生まれます。検討し、悩んでいるのが伝わり、悪い印象を相手に与えません。

リアクションも同様です。「ええ！」「おお！」などとつけるだけで、言葉に感情が宿ります。次の例文であれば、より成功を喜んでいることが伝わるでしょう。

「企画が無事採用されました！」
「よかったです」

⇩

「企画が無事採用されました！」
「おお！　よかったです」

このように、「あ・い・う・え・お」をプラスすることで、気持ちが増幅して伝わります。これで顔文字に頼らなくても、短いフレーズから受ける冷たい印象を払拭できるのです。

ちなみに、これは会話でも役に立ちます。

「おお、それはすごいですね」
「あっ、なるほど。よくわかりました」

このように、会話でも「あ・い・う・え・お」をプラスすれば、より気持ちが伝わります。相手も気分よく話を続けられるでしょう。

気持ちまで伝わる「文頭あ・い・う・え・お」

あ	あ ああ ああ！ あれ	あ、いいですね。 ああ、なるほど。 ああ！　理解できました。 あれ…そうだったのですね。
い	いいですね いえいえ	いいですね、了解です。 いえいえ、 とんでもございません。
う	うーん うんうん	うーん、難しいです。 うんうん、わかります。
え	え え！ ええ！ えっと	え、そうなのですか。 え！　本当ですか！ ええ！　知りませんでした。 えっと、こういうことですか？
お	お おお！	お、すごいですね。 おお！ ありがとうございます！

POINT

最後はポジティブで締める

文は、最後に目にした言葉が記憶に残ります。

より強調したい内容は、文の後ろに持っていくのが有効です。

私も、商品説明文などは意識的にそうやって書いてきました。

長いコピーライター生活の中で自然と身についたスキルでしたが、数年前に行動経済学の本を読んで、それが「新近効果」という心理現象だと知りました。

人は複数の情報を順番に提示されたとき、**より後に提示されたものを印象深く評価する**という心の働きがあるのです。

たとえば、次の2文を比べてください。

Ⓐこの洗剤は除菌もできますが、消臭もできます。

Ⓑこの洗剤は消臭もできますが、除菌もできます。

Aなら「消臭」が、Bなら「除菌」が印象に残ります。そのため、商品説明や自己PRなどでは、**より売りにしたい機能を最後にもっていくのが大切**なのです。

また、ネガティブとポジティブなことなら、**必ずポジティブを最後に見せましょう**。

A 検討中の製品は、高機能ですが高額です。

B 検討中の製品は、高額ですが高機能です。

この文を読んだ人は、Aなら「うーん、高いのか」とネガティブに感じ、Bなら「なるほど、高いけど高機能なのか」とポジティブにとらえるのです。もし、この製品を推薦したいなら、迷わずBの文を書かなければいけません。

この「新近効果」は、メールの印象アップにも使えます。

ネガティブとポジティブ、どちらの内容を後に伝えるかで、あなたの印象はガラリと変わります。

A ご提案いただいた企画ですが、不採用となりました。とても興味深い内容でしたが、弊社のイメージとズレがあったように感じました。

B ご提案いただいた企画ですが、不採用となりました。弊社のイメージとはズレがあったものの、とても興味深い内容でした。

AとBは、どちらも同じ内容の断り文です。

しかし伝えられた相手は、Bの文面を好意的に受け取るでしょう。

これからも良いお付き合いをしていきたい取引先なら、絶対にポジティブな内容を最後に書いて伝えるべきです。

親しい人とのやりとりでも、ポジティブな話題で締めると、より人間関係がうまくいくでしょう。

A 昨日の飲み会は、先輩の話を聞けて有意義でした！　それにしても会費が高かったですね。

B 昨日の飲み会は、会費は高かったですが、先輩の話を聞けて有意義でした！

どう考えても、AよりBのほうが相手に好印象を与えます。普段から、**ポジティブな内容で文を締めるクセをつけておけば、あなたの印象は格段にアップする**のです。

「新近効果」は、文の印象、そしてあなたの印象までも大きく左右します。ぜひ覚えておいてください。

課題 13

好印象文に変換しよう

次の一文を、より好印象に仕立てましょう。

例文①

おめでとうございます。

解答例

おお！　おめでとうございます。

例文②

お誘いいただきとても嬉しいのですが、予定があるため今回は不参加とさせてください。

解答例

今回は予定があって不参加となりますが、お誘いいただきとても嬉しいです。

タイトル、見出しを強くする10のテクニック

◎短い文を磨く、ほんの少しのこと

第1章で、タイトル・見出しのワンメッセージを選ぶ3ステップを紹介しました。「広げる」「選ぶ」「磨く」です。

ここでは、まだお伝えしていなかった、**タイトル・見出しを「磨く」ためのテクニック**を紹介します。メッセージをより強く、印象的にするためのステップです。ありきたりで見過ごされがちだったタイトル・見出しを、「プレゼン映えするひと言」や「気になるタイトル」に変えていきます。

「磨く」といっても、難しく考える必要はありません。タイトルや見出しは、ほんの少しのことでパッと印象が変わります。その「ほんの少しのこと」を知っているかどうかが別

れ道なのです。

ここでは、**10の「ほんの少しのこと」**をお伝えします。とても簡単なことばかりです。

「えっ、こんなことでいいの？」

そう思うかもしれません。

大丈夫です。自信を持って、おすすめできるスキルだけを選びました。コピーライターが日常的に使っている、誰でもマネできる、シンプルなテクニックです。あなたの書くメッセージの印象は、これで必ず変わります。解説とともに、わかりやすい10の例文も掲載しました。ぜひ、参考にしてください。

なお、第1章でも伝えた通り、タイトル・見出しは20字以内が目標です。

しかし、少しくらい文字数がオーバーしても気にせず、思いつくままに書いてみましょう（とはいえ、基本は短くです）。また、使わないようにと伝えていたテキトーワードも、印象が強くなるなら使いましょう。

たとえビジネス用の文章だとしても、タイトルや見出しは自由に言葉を使い、楽しみながら書いてください。

1 言葉を入れ替える

普段何気なく書いている文の「語順」を変える。これだけでドラマチックなワンフレーズがつくれます。

たとえば、この「ドラマチックなワンフレーズがつくれます」という文章を、言葉を入れ替えてつくり直してみましょう。

つくれます。ドラマチックなワンフレーズ

「つくれます」という言葉が力強く前に出て、説得力が増しました。
また、主語が最後に来ると余韻が生まれます。

Ⓐ 小さな幸せを叶えたい
Ⓑ 叶えたいのは、小さな幸せ

Bのほうが余韻を感じられ、心に残るでしょう。

このように言葉の順序を入れ替える表現法を**「倒置法」**と言います。国語の授業で習って覚えている方も多いと思います。長文では使いづらい倒置法ですが、タイトルや見出しでは印象を強める便利なテクニックとなるのです。

倒置法は、体言止めと相性が良いテクニックです。たとえば、次の2つを比べてください。

A ご褒美温泉で、週末が変わります

B 週末が変わる、ご褒美温泉

いかがでしょう。言葉を入れ替え、体言止めにすることで、「週末が変わる」「ご褒美温泉」のどちらの言葉も立ってきます。

印象的なフレーズがつくりたいときに、ぜひ実践してみてください。

テクニックの活用例

在宅ワークをはじめよう

⇒ **はじめよう、在宅ワーク**

サステナブルな社会を目指そう

⇒ **目指そう、サステナブルな社会**

業界ナンバー1に向かい、市場を切り開きましょう

⇒ **市場を切り開き、業界ナンバー1へ**

捨てられないダイレクメールが書ける

⇒ **書ける! 捨てられないダイレクトメール**

眠っているあなたの能力を呼び覚ます

⇒ **呼び覚ませ、眠っているあなたの能力**

老舗の、古くて新しい魅力を知ってください

⇒ **知ってください。古くて新しい、老舗の魅力**

明日も健康でいるために、もっと歩きましょう

⇒ **歩こう、明日の健康のために**

今だけの、限定アイテムを手に入れよう

⇒ **手に入れよう! 今だけの限定アイテム**

あなたの仕事の悩みを教えてください

⇒ **教えて、あなたの仕事の悩み**

あなたのメッセージが伝わる

⇒ **伝わる! あなたのメッセージ**

2 「てにをは」を抜く

次の例文Aは、ファッションブランド「earth music&ecology」のキャッチコピーです。Bと比べてください。

Ⓐ あした、なに着て生きていく？

Ⓑ あしたは、なにを着て生きていく？

Aは文にリズムがあり、洋服を選ぶときのワクワクする気分が感じられます。一方のBは、のっぺりとした印象で魅力のない一文となっています。

この大きな差を生んでいるのは、**「てにをは」のあるなし**、それだけです。

「てにをは」とは、助詞や助動詞など、言葉と言葉をつなぐ一文字のこと。「は」「を」「が」「に」「へ」「の」「な」などです。先の例文Aでは、「あしたは」の「は」、「なにを着て」の「を」を抜いてキャッチコピーが書かれています。

このように、言葉をつなぐ1文字を抜くだけで、言葉が生き生きとし、こなれたフレーズになるのです。

たとえば、「夏が到来」なら「夏、到来」にしてみます。「が」をとることで、文に勢いが出たのがわかると思います。

「明日は、新しいことをしよう」という一文であれば、「明日は」の「は」と、「ことを」の「を」を抜き、「明日、新しいことしよう」とします。断然、「てにをは」を抜いた文のほうが躍動感があり、人を惹きつけます。

雑誌の編集をしている友人も、新人編集者には「タイトルは、てにをは抜きでつくるといい」と教えると言っていました。実際、雑誌や新聞のタイトルを見ると、てにをは抜きのフレーズが多く目につきます。

手軽にプロっぽい文章を書きたいなら、「てにをは」を抜きましょう。

テクニックの活用例

うるおいを肌へ

⇒ **うるおい、肌へ**

心を奪うジュエリーコレクション

⇒ **心奪う、ジュエリーコレクション**

シンプルを極めたオーガニックのレシピ

⇒ **シンプル極めた、オーガニックレシピ**

今はあえてグレーヘア

⇒ **今、あえてグレーヘア**

売上があがる3つの施策

⇒ **売上あがる、3大施策**

ブランドの認知度を大幅にアップさせる新戦略

⇒ **ブランド認知度、大幅アップへの新戦略**

明日は、冬物を売り切ります

⇒ **明日、冬物、売り切ります！**

みんなが大好きな、癒され露天風呂

⇒ **みんな大好き、癒され露天風呂**

個性を引き出す、大人のカジュアル

⇒ **個性引き出す、大人カジュアル**

人生を変える、朝の習慣

⇒ **人生変える、朝習慣**

3 「べき」で言い切る

私たちは、「絶対これがいい！」「こうすべきだ！」と言い切ることを躊躇《ちゅうちょ》しがちです。

しかし今は、さまざまな場面で多くの選択肢が提示される時代。メッセージの受け手は「考えたり選んだりするのは面倒」と考えていることも多いのです。

何事も、選ぶだけでひと苦労ですから、ときには強く押しきったメッセージで言い切ることが大切です。

ビジネスの場面では、とくに強く言い切りたいところです。

企画提案で「～だと考えます」「～をおすすめします」とばかり書いていていては、説得力は半減します。自信を持って「～すべきです！」と強く言い切る勇気も必要なのです。

その強い言葉が相手の気持ちを動かし、良い結果につながります。

テクニックの活用例

今こそ、社内教育に投資することをおすすめします

⇒ **今こそ、社内教育に投資すべき**

新システムを導入し、働き方改革を進めませんか?

⇒ **新システム導入で、働き方改革を進めるべき**

経理業務をもっと効率化しませんか?

⇒ **経理業務は、もっと効率化すべきです!**

最新のスマホはコレがおすすめ

⇒ **最新スマホ、選ぶべき1台はコレ**

新常識。家事はプロに頼んでみませんか?

⇒ **新常識。家事はプロに頼むべき**

買い物好きは、ポイントを賢く活用しよう

⇒ **買い物好きは、ポイント名人になるべき**

リモートメイクは、涙袋に集中するのがおすすめ

⇒ **リモートメイクは、涙袋に集中すべき**

ダイエットは、日々少しずつ続けましょう

⇒ **ダイエットは"ちりつも"とキモに命ずるべき**

ジュエリーを買うなら一生ものを

⇒ **ジュエリーは、一生愛せる本物を選ぶべき**

年末は、クリスマスコフレに注目

⇒ **年末は、クリスマスコフレを狙うべき**

4 同じ言葉を重ねる

同じ言葉を重ねる。これだけで、短いフレーズがとても印象的になります。

たとえば、「強く思う」という一文。

これを「強く、強く思う」としてみるとどうでしょう？

「強く」を2回重ねただけで、一気に〝思い〟が前に出てきました。

私は京都出身ですが、京都の人は強調したい言葉を重ねます。「今日は、寒い寒いなあ」「このイチゴ、甘い甘いわ〜」という感じです。私は勝手に〝京の言葉重ね〟と呼んでいますが、「すごく寒い」「すごく甘い」と言われるより、より実感として響きます。

また、言葉を重ねると「韻《いん》」の効果も得られます。メッセージにリズムが生まれ、心地よい文になるのです。

タイトルを書いたとき、「少し物足りないな」「もう少し感情を乗せたい」と感じたら、ぜひ言葉を重ねてみてください。

テクニックの活用例

顧客満足度は、さらに上げられます

⇒ **顧客満足度は、もっと、もっと、上げられます**

現状に満足せず、前進しましょう

⇒ **現状に満足せず、前へ前へ**

広範囲に発信します

⇒ **広く、もっと広く、発信していきます**

在庫限りで売り切れです

⇒ **早く早く！ 在庫限りです**

絶対に後悔させません

⇒ **絶対、絶対、後悔させません**

きっと思いは通じます

⇒ **きっと、きっと、思いは通じます**

理想は高く持ちましょう

⇒ **理想は高く高く、もっと高く**

いつかは見たい、世界の絶景ポイント

⇒ **見たい！ 見たい！ これが世界の絶景ポイント**

青い海へ

⇒ **青い、青い、海へ**

みんなが待っていました

⇒ **あなたも、あなたも、あなたも、待っていた**

5 アテンションワードを入れる

私たちのまわりには、たくさんの広告があふれています。

その中で、少しでも多くの人の目にとまってほしい。

そう考え、コピーライターはさまざまな工夫を凝らしています。

その1つが、**アテンションワードで驚きをつくる**ことです。

第1章では、次のタイトルを掲載しました。

新提案！　糖質0女子会

ここでいう「新提案！」がアテンションワードです。

アテンションワードとは、つまり「アテンション＝注意をひく」言葉です。相手に注目してもらうためのひと言です。

たとえば、「お見逃しなく！」「今だけ！」「24時間限定！」といった言葉に、つい目が止まってしまうことがあるでしょう。些細なことですが、非常に効果がある手法なのです。

ネットショップや、新商品のプレスリリースはもちろん、企画書の見出しやタイトルにも、その力は活用できます。

よくあるアテンションワードは次の通りです。例文とあわせて参考にしてください。

【アテンションワードの一例】

実は／ニュース／注目／まさか／驚きの／見逃せない／ついに／はじまる／できました／解禁／新時代／事実／先進の／新提案／新常識／新基準／次世代／新感覚／一新／感動／希少な／驚異の／劇的／限定／今だけ

テクニックの活用例

「実は」

⇒ 実は、男性も肌を見られている

「注目」

⇒ 注目！ あの○○が、住みたい街ランキング第2位

「まさか」

⇒ まさか、夏の紫外線で肌がやけど？！

「驚きの」

⇒ 驚きの発酵パワーで、お腹の調子が整う

「見逃せない」

⇒ 見逃せない！ おこもり美容の救世主

「ついに」

⇒ ついに、スパイス新時代到来！

「はじまる」

⇒ はじまる。家飲みのNEWスタイル

「できました」

⇒ できました！ 眠りを変えるリラックスパジャマ

「解禁」

⇒ 解禁！ 来年の夏バカンス流行予報

「新時代」

⇒ 新時代の美容トレンドは、「クリーンビューティ」

6 オノマトペで表現する

「ふわふわ」「キラキラ」「ジュージュー」など、物事の様子や音を表す言葉をオノマトペといいます。どんな様子か、感覚的にパッとわかる便利な言葉です。

たとえば笑い声にも、「ハハハ」「ニヤニヤ」「ふふふ」「へへ」「ケラケラ」など、いくつものオノマトペがあります。それぞれ、どんな笑い方をしているのかが瞬時にわかります。これを文章で表そうとすると、かなりの文章力、表現力が必要で文字数も多くなるでしょう。

素早く、感覚的に理解できるオノマトペは、物事の魅力を表現するためにとても便利な言葉なのです。

Ⓐ 熱いおでん

Ⓑ アツアツのおでん

A 指通りのいい髪
B サラサラの髪

A 楽しいが詰まったゲーム
B ワクワク、ドキドキが詰まったゲーム

それぞれどちらに、心が引かれましたか?

きっと、オノマトペを使ったBだと思います。

日本語は、とくにオノマトペの種類が多いと言われています。多彩な表現を活かして、魅力的なタイトルや見出しをつくりましょう。

テクニックの活用例

激しい価格競争から、今こそ抜け出そう
⇒ **ガツガツした価格競争から、今こそ抜け出そう**

オンラインなら、簡単に国境を超えられる
⇒ **オンラインなら、すいすい国境を超えられる**

日常業務がはかどる、神アプリ
⇒ **仕事がサクサク進む、神アプリ**

新製品は、のどごしがいい桃風味のゼリーです
⇒ **新製品は、桃のちゅるるんゼリーです**

あっというまに広がる洗剤で、素早くおフロ掃除ができます
⇒ **シュワッと広がる洗剤で、ササッとおフロ掃除**

1日中、ほどよい香りが続く柔軟剤
⇒ **1日中、ふんわり香る柔軟剤**

肌あたりがやさしい、美肌の湯
⇒ **とろり、とろける、美肌の湯**

生がおいしい、弾力のある食パン
⇒ **生がおいしい、もっちり食パン**

心地良い感触の抱き枕で一晩熟睡
⇒ **プニプニ抱き枕で一晩ぐっすり**

やわらかな感触のカシミアセーター
⇒ **ふんわり、肌に寄り添うカシミアセーター**

7 二者択一で問いかける

ホテルのフロントで、「明日の朝食は、和食になさいますか？　洋食になさいますか？」と聞かれた経験はありませんか？　温かいふっくらごはんと、カリッと焼いたトーストが目の前にチラつき、心の底から迷ってしまいます。

2つのうちどちらか1つ。

そう言われると、どちらにするか真剣に考えて答えを出そうとしてしまいます。

反対に多くの選択肢を提示されると、考えるのが面倒になってしまい「全部いらない」となってしまうことがよくあります。

これを証明した、コロンビア大学のシーナ・アイエンガー博士による有名な実験があります。

スーパーマーケットで、6種類のジャムを並べたときと、24種類のジャムを並べたときを比べた実験です。結果、6種類のほうがよく売れました。

つまり、**人はほどよい数で迷いたい**のです。ほどよい数が選ぶ楽しみを生みます。

絶対に何か1つを選んでほしい場合は、6種類とは言わず、思いきって「二者択一」で問いかけてみてください。対比することで、商品やサービスの特徴もわかりやすくなります。

また、ウェブ記事や企画書のタイトルで二者択一を使えば、「内容が気になる」という効果も発揮します。

たとえば、次のタイトルではあまり興味が湧きません。

＝女性に人気のある果物はなんでしょうか？＝

それを次のようにするとどうでしょう。

＝桃と苺。女性が好きなフルーツはどっち？＝

このほうが結果を知りたくなりませんか？　二者択一で問いかけると、相手の興味関心を引くこともできるのです。

テクニックの活用例

在宅ワークのPCは、どのタイプがオススメ?

⇨ **在宅ワークのPCは、ノートかデスクトップか?**

読書方法が多様化しています

⇨ **紙で読むか、タブレットで読むか**

仕事に合った連絡ツールを選ぼう

⇨ **チャット vs. メール。仕事で使うならどっち?**

10年後に勝ち組になれる不動産の選び方

⇨ **戸建とマンション。10年後の勝ち組は?**

あなたはどうやってヘアカラーをしていますか?

⇨ **ヘアカラー、あなたはおうち派? サロン派?**

手土産を探すなら、品揃え豊富な「○○」で検索を

⇨ **あの人は甘党? 辛党? クイック手土産検索の「○○」**

次のバカンスはどこに行く?

⇨ **街を遊ぶ「刺激旅」か、自然の中で「癒され旅」か**

あれもこれも、あなた好みのアニメがあります

⇨ **見たいアニメは、ライトBL? 異世界転生?**

あなたに合ったダイエットの正解は?

⇨ **運動で痩せるか、食事で痩せるか**

あなたの夢を叶える多彩なプランをご用意

⇨ **あなたの夢を叶えるのは、Aプラン? Bプラン?**

8 韻を踏む

「韻を踏む」といえば、思い浮かぶのはラップです。

同じ音で終わる（または始まる）言葉を繰り返すことで、リズミカルで、耳に残るフレーズをつくることができます。

その覚えやすさから、標語などでもよく使われるテクニックです。

広告コピーでは、次のような代表例があります。

うまい やすい はやい（吉野家）
セブンイレブン いい気分（セブン-イレブン）
インテル 入ってる（インテル）

どれも、言葉がシンプルかつリズミカルで、スッと耳に入って記憶に残ります。

吉野家は最後が「い」、セブン-イレブンは「ぶん」、インテルは「てる」と、すべて語尾が揃っています。

なお、母音が同じだけでも、韻を踏む効果が生まれます。

たとえば、「明日を、読む、聞く、知る」。「読む、聞く、知る」の最後の母音がすべて「う」になっていることで、リズミカルなフレーズになっています。

これは、私がつくった架空のコピーですが、よく見ると広告のコピーはこのように母音が揃っているものが多いのです。

言葉を繰り返すときは、ぜひ韻を踏むことを意識してみてください。耳に心地よく、記憶に残る言葉になります。

テクニックの活用例

新システムで、経費を削減し、経営を改善します

⇒ **新システムで、経費削減、経営改善**

簡単に理解でき、すぐに使えます

⇒ **すぐわかる。すぐ使える**

お好きなときに、場所も回数も気にせず使えます

⇒ **思い立ったら、いつでも、どこでも、何度でも**

刺激的な面白映像

⇒ **刺激、過激、やっぱり見るべき**

素早く検索できます

⇒ **サクサク、検索**

日当たりが良くて、家賃の割には広いワンルームです

⇒ **広い、明るい、そのうえ安いワンルーム**

お二人でくつろぎの旅を

⇒ **ふたり、ゆったり、のんびり旅**

おこもり時間に手づくりしませんか?

⇒ **おこもり時間に、ゆっくり、手づくり**

クラシック音楽がすごい!

⇒ **クラシックってドラマティック**

お腹の調子を整えます

⇒ **お腹、スッキリ、すらり整う**

9 反対語ミックスで興味を引く

思いがけない言葉を掛け合わせると、印象に残る言葉ができあがります。

たとえば「オトナ女子」がそれです。

ファッションやライフスタイル全般でよく使われる言葉ですが、「女子」とは本来子どものこと。これが普通は相いれない「オトナ」と組み合わさり、強く印象に残る言葉になっています。

ここで重要なのは、言葉の意味が反対である以上に、**人に想起させるイメージが正反対**なことです。

「オトナ」は、落ち着いたクールなイメージ。「女子」は活動的で明るいイメージ。真逆の印象をもつ言葉が組み合わさって、驚きが生まれます。

反対語ミックスは、頭に浮かぶイメージが離れているほどおもしろく、印象深くなります。

「食べて痩せる」もその1つです。ダイエットの定番ワードで、さまざまな本やサプリメントでも使われています。

「食べる」と「痩せる」はイメージが真逆です。「食べる」と聞くと、誰もが「太る」と思い浮かべます。なのに、先入観を裏切る「痩せる」が来るので、「えっ、どうやって？」と大きな興味が湧いてきます。

このようにイメージが真逆の言葉をミックスしてつくった造語は、長く人の記憶に残ります。そう簡単につくれませんが、検討してみる価値はあるでしょう。

提案したい企画やサービスに相反する特長がないかを探し、それを組み合わせてみてください。

たとえば、男性向け化粧品であれば「ビューティ男子」とするなどです。

難易度は少し高いですが、うまくいけば非常に引きのある、個性的なメッセージがつくれます。

テクニックの活用例

休日ファッションは、地味過ぎないシンプルな服

⇒ **休日ファッションは、地味過ぎない派手シンプル**

大人が本気で楽しめる遊び

⇒ **大人がときめく、マジメ遊び**

週3回の飲酒でストレス解消

⇒ **週3回の健康呑みでストレス解消**

ていねいに手を抜く、上手な家事

⇒ **ていねいに手を抜く、さぼり家事**

普段の心がけで体力アップ

⇒ **運動しないで体力アップ**

モテるのは、遊びも仕事も一生懸命な人

⇒ **モテるのは、お堅い不良**

趣味を見つけて休日をランクアップ

⇒ **本気の趣味で休日をランクアップ**

いま魅力を感じる、70年代ファッション

⇒ **古新しい、70年代ファッション**

忙しいときは、手づくりにこだわらないごはん

⇒ **忙しいときは、手づくらない愛情ごはん**

さりげないのに、手がかかっているヘアスタイル

⇒ **さりげなく、こだわり無造作ヘア**

10 対句でギャップをつくる

対句とは、文の前半と後半に「対となる言葉」を入れて、ギャップをつくる手法です。対となる言葉とは、「長いと短い」「多いと少ない」「近いと遠い」「高いと安い」「今日と明日」「スタートとゴール」などです。

上級者向けのテクニックですが、うまくできると「なるほど!」と誰もがうなずく説得力ある言葉になります。

歴史に残る名言も、多くはこのような対句になっています。

- **前進をしない人は、後退をしているのだ**（ゲーテ）
- **人生は近くでみると悲劇だが、遠くから見れば喜劇である**（チャップリン）
- **多数の友を持つ者は、一人の友も持たない**（アリストテレス）

どの言葉も、うんうんわかると思わずうなずいてしまいます。前半と後半のギャップが大きいほど、驚きも大きくなり、言葉が強くなります。

いきなり対句をつくろうとしても、なかなかうまくいきません。はじめは、有名な名言や格言をもとに考えてみましょう。

「失敗は成功のもと」「負けるが勝ち」「帯に短したすきに長し」「温故知新」などの格言を、自分の言葉に変換してみるのです。

少し難易度は高いですが、ぜひチャレンジしてください。

テクニックの活用例

やる気をおこすには、上手にほめて叱りましょう

⇒ **やる気ルールは、毎日ほめる、ときどき叱る**

今すぐ始めないと、手遅れになることも

⇒ **いつかは、いつになっても来ないんです**

好みを決めつけないことが大切です

⇒ **好きなことも、嫌いなことも、大切**

個性的なものが好き

⇒ **みんなが好きより、私だけ好きがいい**

楽な着心地を実現した、フォーマルウェアです

⇒ **見た目はフォーマル、着心地はカジュアル**

結婚は、2人で歩む人生のはじまりです

⇒ **結婚は2人のゴールではなく、スタートです**

苦しいときもがんばろう

⇒ **絶望のとなりには、必ず希望がある**

いくつになっても、前向きな毎日を送りましょう

⇒ **いくつになっても、今日より、明日がもっと楽しみ**

失敗は成功のもと

⇒ **失敗する人にしか、成功はやってこない**

温故知新

⇒ **古いものって、新しい**

COLUMN

大先生の文章術から学ぶ③

谷崎潤一郎先生『文章讀本』

私が言うのはおこがましいですが、近代文学の字面王と呼びたくなるのが谷崎潤一郎先生です。

たとえば、先生の小説『鍵』では、夫の日記はカタカナ、妻の日記はひらがなで書き、2人を対比して見せています。

また『盲目物語』ではひらがなを多用し、目の見えない人の語り口を表現するなど、字面の効果を最大限に活かした名作が多数あるのです。

そんな谷崎先生が、昭和9年に書いた日本一有名な文章読本があります。大変古い本ですが、現代に通じることも多い一冊です。

この本の前半では、文章における「視覚的効果」の大切さが説《と》かれています。

眼で見て理解するものであるからには、眼を通して来る総べての官能的要素が、読者の心に何等かの印象をとどめないはずはありません。

われわれはわれわれに独特なる形象文字を使っているのでありますから、（中略）われわれにのみ許された折角の利器を捨てておくと云う法はありません。

文章は目で見て理解するものであるから、見た目が読者の心に影響を与える。そのうえで、漢字、ひらがな、カタカナなどの独特な形象文字（日本語）を活かさない理由はないと書かれています。

さらに、志賀直哉の小説『城の崎にて』の文章を切り取り、こう説明しています。

「直ぐ細長い羽根を両方へシッカリと張ってぶーんと飛び立つ。」の所で、「シッカリ」を片仮名、「ぶーん」を平仮名にしているのも頷《うなず》ける。この場合、私が書いてもきっとこう書く。殊に「ぶーん」を「ブーン」と書いたのでは、「虎斑の大きな肥った蜂」が空気を震動させながら飛んで行く羽音の感じが出ない。また「ぶうん」でもいけない、「ぶーん」でなければ真直ぐに飛んで行く様子が見えない。

ここからも、小説家としての字面への強いこだわりを感じます。

私たちが、すぐにこの領域に達することはできないでしょう。しかし、少しずつでも文字に対する感覚を磨き、字面効果を使いこなしたいものです。

なお、この『文章讀本』の一番最後には、文章をシンプルにすることについて、このように書かれています。

されば文筆を専門にしている者でも、ややもすれば書き過ぎる弊に陥るのでありまして、(中略)発表の当時は大いに言葉を節約した気でおりましても、一年も経てから読み直してみますと、まだ無駄のあるのが眼につきます。左に掲げるのは今から三年前に作った小説蘆刈の一節でありますが、傍線を引いてある部分は、今日から見て「なくもがな」と思われる辞句であります。

あの名作『蘆刈《あしかり》』にも、まだ無駄があるとは。

私たちも、まだまだ言葉の節約ができるはずです。がんばりましょう。

※引用は中公文庫版

あとがき

「文章を書くのって、ほんとに疲れる」

この本を手に取ってくださった方の中には、そう感じている人も多いと思います。

それなのに、リモートワークの普及もあって、書く仕事は増える一方です。

コピーライターは、短い文を書くのが仕事です。私も、正直言うと、仕事で長い文章を書くのは疲れます。みなさんの気持ちがよくわかります。

だから、**ワンセンテンスを短くすれば楽になる**。

どうしても、それだけを伝えたくて、この本を書きました。

それが、何十年も文章を書いてきた私の結論です。

ここまで何度も述べてきたように、疲れてしまうのはワンセンテンスが長いからです。多くの情報をワンセンテンスに盛り込むと、言葉は増え、組み合わせも複雑になります。一文を書くたびに、ジグソーパズルのように多くの言葉を組み合わせていては、誰でも疲れてしまいます。

情報も言葉も減らし、短いワンセンテンスで文章を紡《つむ》いでいく。

それが、文章を楽に書く一番の方法なのです。

文章には、書いているときの気持ちが表れます。めんどくさいと思いながら、嫌々書いたものに魅力はありません。

楽に、のびのびと書いてください。そうすれば、短い中にも自分らしさが光る、印象の良い文章がきっと書けるようになります。

ぜひ、文を短くするスキルを身につけて、書く人も読む人も、みんなで楽になりましょう。

最後になりますが、この本にかかわっていただいたすべての方にお礼を伝えたいです。

ふだん、15字以内のキャッチコピーと、200字に満たないボディコピーを書いている私にとって、本1冊を書くのはなかなか大変なことでした。

担当である、ダイヤモンド社の畑下裕貴さんに「1章、何文字くらいですか?」と聞き、「2万字くらいですかねー」と言われたときは、「万字」が頭に浮かばず「卍」に聞こえました。

そんな私を、根気よく励まし、構成のアドバイスをしてくれた畑下裕貴さんに感謝します。この本は、まさに二人三脚で書き上げたものです。ひとりでは書けませんでした。照れくさいですが、家族にもありがとうを伝えたいと思います。

そして最後に、この本を読んでくださったあなたに、心からの感謝を申し上げます。

社会が急激に変化するなか、文章の重要性を感じたあなたにとって、この本が力になることを心から願います。

どうか、短く書くことで、あなたの言葉が思いのままに伝わりますように。

「短いは正義」が、あなたの正義になりますように。

主な参考文献

- 「紙媒体の方がディスプレーより理解できる」
ダイレクトメールに関する脳科学実験で確認
https://www.toppan-f.co.jp/news/2013/0723.html
- 『日本語練習帳』大野晋著、岩波新書
- 『文章読本』三島由紀夫著、中公文庫
- 『夫婦善哉　決定版』織田作之助著、新潮文庫
- 『予想どおりに不合理　行動経済学が明かす「あなたがそれを選ぶわけ」』
ダン・アリエリー著、熊谷淳子訳、早川書房
- 『行動経済学まんが　ヘンテコノミクス』
佐藤雅彦・菅俊一著、高橋秀明画、マガジンハウス
- 『選択の科学』シーナ・アイエンガー著、櫻井祐子訳、文藝春秋
- 『文章讀本』谷崎潤一郎著、中公文庫

田口まこ

（たぐち・まこ）

コピーライター。京都府出身。京都芸術短期大学（現・京都芸術大学）美学美術史学科卒業後、一般企業を経て、広告制作会社ライトパブリシティに入社、コピーライターとなる。大塚製薬「ポカリスエットステビア」「カロリーメイト」などを担当し、「ジャワティ」の雑誌シリーズ広告で、コピーライターの登竜門「東京コピーライターズクラブ新人賞」受賞。その後フリーランスとなり、女性向けの商品広告を中心に活動。ライオン、花王、P&Gなどのトイレタリー商品、資生堂、カネボウ、ポーラ、ランコム、フローフシ、ロート、ファンケルなどの化粧品のコピーを多数手がけ、現在も第一線で活躍中。コピーライター歴は30年以上。著書に『伝わるのは1行。』（かんき出版）がある。東京コピーライターズクラブ会員。